鑪水 浩

[著]

道徳性と反道徳性の教育論

晃洋書房

目　　次

序 章
人間の社会はなぜ問題だらけなのか

　道徳的な問題は世に横溢している．身近な人間関係から社会全体まで，問題だらけと言っても良い．しかしここで少なくとも2つの素朴な疑問が起こる．1つは学校教育に関するものである．日本においては，現在の道徳科の前身である「道徳の時間」が1958（昭和33）年からスタートしていた．つまり世の人々の大多数は小中学校で道徳の授業を受けてきているわけである．その割には道徳性に反するような事案や行動があまりに多すぎるのではないだろうか．それともそうした経験を経ているからこそ，この程度で済んでいるのだろうか．

　もう1つは，人間そのものについてである．人間というのは大体ある程度成長すれば，事の善悪，やって良いことと悪いことの区別はつけられるはずである．ところが青少年どころか，いい大人まで明らかに道徳性に反する行動をとったり，一線を越えて犯罪に及んだりするケースが少なくない．これらは要は悪いと分かっていて悪いことをしているわけである．人に迷惑をかけるようなことを意図的にしていれば，間違いなく嫌われ者になるだろう．まして犯罪となれば，つかまったときに相応の刑罰を受けるのは自明である．それでも道徳性に反する行動も犯罪もなくなることはない．

　こうした問題に対処するため，文部科学省では「道徳の時間」や道徳科において学習指導要領で示した道徳的な価値である内容項目を小学校低学年から中学校まで20〜23程度示し，それぞれを学ばせるようにしている．これらは人間として生きていく上で大切な徳目であり，確実に誰もが身につけているのであれば，問題のない至って平穏な社会が実現するだろう．

　しかし残念ながら実現には至っていない．冒頭のように相変わらず問題だらけなのである．なぜだろうか．

　答えは簡単といえば簡単である．主に次の三点が挙げられる．

　第一に，人間は長い進化の過程でそのように出来上がってしまったということである．もちろん悪い面だけではない．むしろはるかに良い面の方が多い．身体的にさしたる強みもない人類は協力性とその自覚的な心理機制である道徳

性を進化させ，それを駆使することで何とかここまで生き長らえてきた．そのため道徳性は本性として身についているのである．

だが人類は同時に他者を傷つけ除外する排斥性や，道徳性とは反対の行動をとる反道徳性も負けじと持ち合わせてきた．せっかく相互に協力することを身につけたのに，である．では，なぜ生き残れたのか．まず考えられるのは，我々の協力性や道徳性というのは，内面に持つ割合として排斥性や反道徳性をはるかに凌駕しているということである．確かにそれは正しい．だが決定的な要因は別にある．このことは実に厄介だ．なぜかといえば，実のところ現在では誰もが悪いと認められるような反道徳的な行為も，進化の過程では実は適応的だったということになるからである．そうでなければこうした性質は，とうに淘汰されていたはずである．その意味では反道徳性を併せ持っていたからこそ，生き残ったということになる．

第二に，人間の行動はかなりの部分で自動的になっているということである．つまり人間は自分で考えて自分で行動していると思っているが，実はそうでもないのである．では何によってなのか，ということになるが，それにはいくつかの要素がある．たとえば他者や周囲の行動，またその影響も含めた習慣である．人間は自然と周囲の行動に同調する．周りに合わせたり誰かの指示通り動いたりする方が脳内の活動の負担が少ない．¹⁾

しばらく前の人間は，今では考えられないような残虐なことをしていた．それは同じ人間とは思えないほどのものであった．だが，たかが数百年，数千年程度で遺伝子的に大きく変異することはない．²⁾今と変わらぬ人間であり，周りがそうしていたから皆それに合わせて当たり前のことになっていたに過ぎないのである．

他の要素はここでは省略するが，いずれにしても様々な努力によって，そうした行為は激減し，人権が尊重されるようにはなってきた．³⁾だが逆に考えれば，何かのきっかけで，すぐにでも逆戻りしてもおかしくはないのである．

第三に，現代では個人の行動に対する自然な形での道徳的制約の強制が，ほぼなくなってしまったことである．これは地域共同体的な社会機能が喪失しつつあることを示している．ただし，たどってみればこの傾向は1万年ほど前の人類社会の文明化とともに始まっていた．それが一気に加速したのは産業や科学技術は爆発的な進歩を遂げたここ300年ほどのことである．

これらの発展の最大要因は分業である．一人の人間が専門的に1つの仕事に

徹すれば当然，熟達していく．そして，計画と工程を綿密なものとし，必要な設備等を整えた上で，それぞれの技術を組み合わせれば，単独で行う仕事よりはるかに高度で大規模なものとなる．もちろん1つの仕事に一人ではなく複数人のグループとしてもよい．

　この分業体制がもっとも効率的に機能するのは，ある成果物を生産するという目的に特化した場合である．そしてそれに合わせた組織集団は，基本的に地域とは関係なく生産するものごとに次々に編成された．こうして我々は効率を追求した体制に基づき各分野ごとに高度な成果物を大規模に生産できるようになった.[4]

　一方，それに対してかつては生活に必要な全てを生産していた土着的な地域集団は，その役割を奪われた形となり，集団としての規律を維持する意味が大幅に減退してしまった．結果的に住民同士の紐帯も弱体化し，個人に対する道徳的な影響もなくなりつつあるのが現状である．

　以上のような要因によって，我々の生活は常に反道徳性の脅威にさらされているわけである．だが社会が問題だらけで良いわけがない．当然これらの要因に対処する様々な観点からの方策が必要となる．その中の大きな柱の1つとなるものは教育である．冒頭で少々不安を投げかけたもののやはりその役割は大きい．理由は次の通りである．

　まず教育は習慣をつくる．もちろん悪い習慣では困るが，良い習慣をつくることができる．代表的なのはあいさつである．あいさつは人間として至って当たり前の行動であるが，これも習慣である．そのような教育がなされなければ，頭で分かっていても人間関係を円滑にする手段として，それを上手に使いこなすことはできないだろう．仮に上手に使えなくとも我々の身の回りの生活の中では，通常そう大きな問題は起こらない．だが場所が変われば，あいさつの方法に失敗することで命を失うこともあり得るのである（キューグラー 2006）．

　またあいさつだけでなく，地域や職場等身近な人間関係において，たとえば困っていたら手助けをしたり，逆に助けられたら相手に実感してもらえるような感謝の言葉を述べたりといった，ちょっとした心遣いが円満に日々を過ごしていく上では不可欠である．それほど特別なことではなくとも，誰もがこうしたことが習慣化され自然とできる「良き人」になるようにしていくことは重要である.[5]

　次に教育は，統一された系統的な知識や技能を伝達可能にする．上述したよ

うに人間の行動は生得的，自動的な側面がかなりある．そのために分かっていても問題を起こすのである．こうした人間の行動を変容させるには，それに特化した知識と，さらにその知識を縦横に活用する生活技能を修得させることが必要となる．かつては人々の生活は根拠のない様々な因習や迷信，間違った知識に支配されていた．殊に病気については，魔物のような存在によって起こると信じられていた．そのため快癒のためには加持祈祷が欠かせず，それも含め結果として多くの無駄な行動をとっていた.

だが現在では医学の発達によって，正確な原因を突き止め，それに応じた治療を的確に行っている．誰でも発熱や咳などの症状があらわれれば，医師の診断を受け薬を服用する．またそうならないようにするため，日頃からうがいや手洗いを励行し，必要に応じてマスクを着用する．それらの症状は，細菌やウイルスなどによってもたらされることが多いことを知っているからである．病気に関する系統的な正しい知識によって考え方が変わり行動が変容したのである.

原理としてはこれと同じである．頭では悪いとわかっていながら，なぜそうした行動をとってしまうのか，またそうした情動状態になってしまったり，なりそうになったりしたら，どのような対処をすれば効果的なのか，といったことを学んでいれば，行動の変容につながっていくことは可能だろう.

こうした教育は，まさに文部科学省がそれまでの「道徳の時間」を昇格させ，小学校では 2018（平成 30）年度，中学校では 2019（同 31）年度から実施している「特別の教科　道徳」での学習そのものである，という意見もあるかもしれない．教科化される以前は，「道徳の時間」を学校行事や他授業に振り替えたり，教師が恣意的に行わなかったりといったことが少なくなかった．道徳科になったからには毎時間「全体計画」や「年間指導計画」にしたがって授業を進めればそれで十分であるということだ.

文部科学省が定める学習指導要領では**表序-1**のように，A「主として自分自身に関すること」，B「主として他の人とのかかわりに関すること」，C「主として集団や社会とのかかわりに関すること」，D「主として自然や崇高なものとのかかわりに関すること」を 4 つの視点として，それぞれに道徳的価値となる内容項目を 4 〜 7 程度設定している．一つ一つの内容項目は文章で詳細が説明されており，また分かりやすくするためその文章内容をいくつかのキーワードであらわしている.

　確かにこれらの内容項目は，概ね我々の日常生活において必要な行動の指針や周囲への配慮すべき事項が網羅されており児童生徒に確実に身につけさせるべきでものある．だが残念ながら，それだけでは決して十分ではないのである．それは他ならない内容項目そのものに示されている．

　注目するのはD「主として自然や崇高なものとのかかわりに関すること」の(22)［よりよく生きる喜び］である．ここでのキーワードは「よりよく生きる喜び」，説明文章は「人間には自らの弱さや醜さを克服する強さや気高く生きようとする心があることを理解し，人間として生きることに喜びを見いだすこと」となっている．この中の「人間の強さや気高さ」は小学校高学年で登場するものの「自らの弱さや醜さ」という文言は小学校版には最後まで出てこない．中学校段階で初めて示されている．小学生にはそうした傾向はなく，中学生になっていきなりあらわれるのだろうか．もちろんそのようなことはない．小学生にもそれなりの弱さも醜さもある．だが中学生ともなると，その程度というのが抜き差しならないものになってしまうこともある．おそらくはそのあたりを考慮して明文化しているのだろう．

　つまり人間というのは成長した段階においてもなお，それこそ頭で分かっていても，他者を出し抜き欺いたり，傷つけたりして自らの利得を優先させる反道徳的な性質を持ち，さらには自分の問題なのにもかかわらず，それを十分に統制できないということを認めているわけである．そして少なくとも初等教育段階で内容項目という道徳性を身につけさせたとしても，その後の段階における反道徳性は克服することはできない，ということを図らずも露呈していることになる．

　ただしこのことは道徳科授業そのものが悪いわけではない．小学校中学年程度までは，現行授業で大いに成果は上げられるだろう．だが，学年が上がるにつれ児童生徒の道徳授業への関心，意欲が薄れていくという実態があることからも分かるように，一般的な読み物教材による座学の道徳科授では限界がある．要はそれだけでは足りないのである．

　上述したように人類は道徳的な性質も，そして現在の感覚からすれば反道徳的な性質も合わせて進化してきた．その両者は二項対立的に並んでいるのではなく，いっしょくたになっているのである．さらには人間は自分の意思というよりも周囲の動きに同調し，かといって逸脱した行動をとったり，またとりそうになったりしても，その非を近くの誰かから指摘されることもめっきり減っ

表 序-1 「特別の教科 道徳」の内容項目一覧

	小学校第1学年及び第2学年	小学校第3学年及び第4学年
A 主として自分自身に関すること		
善悪の判断，自律，自由と責任	(1)よいことを悪いこととの区別をし，よいと思うことを進んで行うこと．	(1)正しいと判断したことは，自信をもって行うこと．
正義，誠実	(2)うそをついたりごまかしをしたりしないで，素直に伸び伸びと生活すること．	(2)過ちは素直に改め，正直に明るい心で生活すること．
節度，節制	(3)健康や安全に気を付け，物や金銭を大切にし，身の回りを整え，わがままをしないで，規則正しい生活をすること．	(3)自分でできることは自分でやり，安全に気を付け，よく考えて行動し，節度のある生活をすること．
個性の伸長	(4)自分の特徴に気付くこと．	(4)自分の特徴に気付き，長所を伸ばすこと．
希望と勇気，努力と強い意志	(5)自分のやるべき勉強や仕事をしっかりと行うこと．	(5)自分でやろうと決めた目標に向かって，強い意志をもち，粘り強くやり抜くこと．
真理の探究		
B 主として人とのかかわりに関すること		
親切，思いやり	(6)身近にいる人に温かい心で接し，親切にすること．	(6)相手のことを思いやり，進んで親切にすること．
感謝	(7)家族など日頃世話になっている人々に感謝すること．	(7)家族など生活を支えてくれている人々や現在の生活を築いてくれた高齢者に，尊敬と感謝の気持ちをもって接すること．
礼儀	(8)気持ちのよい挨拶，言葉遣い，動作などに心掛けて，明るく接すること．	(8)礼儀の大切さを知り，誰に対しても真心をもって接すること．
友情，信頼	(9)友達と仲よくし，助け合うこと．	(9)友達と互いに信頼し，学び合って友情を深め，異性についても理解しながら，人間関係を築いていくこと．
相互理解，寛容		(10)自分の考えや意見を相手に伝えるとともに，相手のことを理解し，自分と異なる意見も大切にすること．

小学校第5学年及び第6学年	中学校	
(1)自由を大切にし，自律的に判断し，責任のある行動をすること． (2)誠実に，明るい心で生活すること．	(1)自律の精神を重んじ，自主的に考え，判断し，誠実に実行してその結果に責任をもつこと．	自主，自律，自由と責任
(3)安全に気を付けることや，生活習慣の大切さについて理解し，自分の生活を見直し，節度を守り節制に心掛けること．	(2)望ましい生活習慣を身に付け，心身の健康の増進を図り，節度を守り節制に心掛け，安全で調和のある生活をすること．	節度，節制
(4)自分の特徴を知って，短所を改め長所を伸ばすこと．	(3)自己を見つめ，自己の向上を図るとともに，個性を伸ばして充実した生き方を追求すること．	向上心，個性の伸長
(5)より高い目標を立て，希望と勇気をもち，困難があってもくじけずに努力して物事をやり抜くこと．	(4)より高い目標を設定し，その達成を目指し，希望と勇気をもち，困難や失敗を乗り越えて着実にやり遂げること．	希望と勇気，克己と強い意志
(6)真理を大切にし，物事を探究しようとする心をもつこと．	(5)真実を大切にし，真理を探究して新しいものを生み出そうと努めること．	真理の探究，創造
(7)誰に対しても思いやりの心をもち，相手の立場に立って親切にすること． (8)日々の生活が家族や過去からの多くの人々の支え合いや助け合いで成り立っていることに感謝し，それに応えること．	(6)思いやりの心をもって人と接するとともに，家族などの支えや多くの人々の善意により日々の生活や現在の自分があることに感謝し，進んでそれに応え，人間愛の精神を深めること．	思いやり，感謝
(9)時と場をわきまえて，礼儀正しく真心をもって接すること．	(7)礼儀の意義を理解し，時と場に応じた適切な言動をとること．	礼儀
(10)友達と互いに信頼し，学び合って友情を深め，異性についても理解しながら，人間関係を築いていくこと．	(8)友情の尊さを理解して心から信頼できる友達をもち，互いに励まし合い，高め合うとともに，異性についての理解を深め，悩みや葛藤も経験しながら人間関係を深めていくこと．	友情，信頼
(11)自分の考えや意見を相手に伝えるとともに，謙虚な心をもち，広い心で自分と異なる意見や立場を尊重すること．	(9)自分の考えや意見を相手に伝えるとともに，それぞれの個性や立場を尊重し，いろいろなものの見方や考え方があることを理解し，寛容の心をもって謙虚に他に学び，自らを高めていくこと．	相互理解，寛容

C 主として集団や社会との関わりに関すること		
規則の尊重	(10)約束やきまりを守り，みんなが使う物を大切にすること．	(11)約束や社会のきまりの意義を理解し，それらを守ること．
公正，公平，社会正義	(11)自分の好き嫌いにとらわれないで接すること．	(12)誰に対しても分け隔てをせず，公正，公平な態度で接すること．
勤労，公共の精神	(12)働くことのよさを知り，みんなのために働くこと．	(13)働くことの大切さを知り，進んでみんなのために働くこと．
家族愛，家庭生活の充実	(13)父母，祖父母を敬愛し，進んで家の手伝いなどをして，家族の役に立つこと．	(14)父母，祖父母を敬愛し，家族みんなで協力し合って楽しい家庭をつくること．
よりよい学校生活，集団生活の充実	(14)先生を敬愛し，学校の人々に親しんで，学級や学校の生活を楽しくすること．	(15)先生や学校の人々を敬愛し，みんなで協力し合って楽しい学級や学校をつくること．
伝統と文化の尊重，国や強度を愛する態度	(15)我が国や郷土の文化と生活に親しみ，愛着をもつこと．	(16)我が国や郷土の伝統と文化を大切にし，国や郷土を愛する心をもつこと．
国際理解，国際親善	(16)他国の人々や文化に親しむこと．	(17)他国の人々や文化に親しみ，関心をもつこと．
D 主として生命や自然，崇高な物との関わりに関すること		
生命の尊さ	(17)生きることのすばらしさを知り，生命を大切にすること．	(18)生命の尊さを知り，生命あるものを大切にすること．
自然愛護	(18)身近な自然に親しみ，動植物に優しい心で接すること．	(19)自然のすばらしさや不思議さを感じ取り，自然や動植物を大切にすること．
感動，畏敬の念	(19)美しいものに触れ，すがすがしい心をもつこと．	(20)美しいものや気高いものに感動する心をもつこと．
よりよく生きる喜び		

⑿法やきまりの意義を理解した上で進んでそれらを守り、自他の権利を大切にし、義務を果たすこと．	⑽法やきまりの意義を理解し、それらを進んで守るとともに、そのよりよい在り方について考え、自他の権利を大切にし、義務を果たして、規律ある安定した社会の実現に努めること．	遵法精神，公徳心
⒀誰に対しても差別をすることや偏見をもつことなく、公正，公平な態度で接し、正義の実現に努めること．	⑾正義と公正さを重んじ、誰に対しても公平に接し、差別や偏見のない社会の実現に努めること．	公正，公平，社会正義
⒁働くことや社会に奉仕することの充実感を味わうとともに、その意義を理解し、公共のために役に立つことをすること．	⑿社会参画の意識と社会連帯の自覚を高め、公共の精神をもってよりよい社会の実現に努めること．	社会参画，公共の精神
	⒀勤労の尊さや意義を理解し、将来の生き方について考えを深め、勤労を通じて社会に貢献すること．	勤労
⒂父母，祖父母を敬愛し、家族の幸せを求めて、進んで役に立つことをすること．	⒁父母，祖父母を敬愛し、家族の一員としての自覚をもって充実した家庭生活を築くこと．	家族愛，家庭生活の充実
⒃先生や学校の人々を敬愛し、みんなで協力し合ってよりよい学級や学校をつくるとともに、様々な集団の中での自分の役割を自覚して集団生活の充実に努めること．	⒂教師や学校の人々を敬愛し、学級や学校の一員としての自覚をもち、協力し合ってよりよい校風をつくるとともに、様々な集団の意義や集団の中での自分の役割と責任を自覚して集団生活の充実に努めること．	よりよい学校生活，集団生活の充実
⒄我が国や郷土の伝統と文化を大切にし、先人の努力を知り、国や郷土を愛する心をもつこと．	⒃郷土の伝統と文化を大切にし、社会に尽くした先人や高齢者に尊敬の念を深め、地域社会の一員としての自覚をもって郷土を愛し、進んで郷土の発展に努めること．	郷土の伝統と文化の尊重，郷土を愛する態度
	⒄優れた伝統の継承と新しい文化の創造に貢献するとともに、日本人としての自覚をもって国を愛し、国家及び社会の形成者として、その発展に努めること．	我が国の伝統と文化の尊重，国を愛する態度
⒅他国の人々や文化について理解し、日本人としての自覚をもって国際親善に努めること．	⒅世界の中の日本人としての自覚をもち、他国を尊重し、国際的視野に立って、世界の平和と人類の発展に寄与すること．	国際理解，国際貢献
⒆生命が多くの生命のつながりの中にあるかけがえのないものであることを理解し、生命を尊重すること．	⒆生命の尊さについて、その連続性や有限性なども含めて理解し、かけがえのない生命を尊重すること．	生命の尊さ
⒇自然の偉大さを知り、自然環境を大切にすること．	⒇自然の崇高さを知り、自然環境を大切にすることの意義を理解し、進んで自然の愛護に努めること．	自然愛護
㉑美しいものや気高いものに感動する心や人間の力を超えたものに対する畏敬の念をもつこと．	㉑美しいものや気高いものに感動する心や、人間の力を超えたものに対する畏敬の念を深めること．	感動，畏敬の念
㉒よりよく生きようとする人間の強さや気高さを理解し、人間として生きる喜びを感じること．	㉒人間には自らの弱さや醜さを克服する強さや気高く生きようとする心があることを理解し、人間として生きることに喜びを見いだすこと．	よりよく生きる喜び

てしまった．よって自らの力で道徳性という一部分の性質をもって他の部分を完全に統制しようというのは非常に難しいのである．

　こうしたことを現行道徳科授業に即して考えるなら，内容項目として道徳性と同様に数多くある反道徳的な性質を一言で「醜さ」などとまとめて取り上げるのではなく，たとえば「自分勝手さ」やあるいは「いじめたくなる気持ち」のように具体的に表記し，そうした性質にいかに対処すべきかを独立した学習として進めていくべきであろう．また人間行動の自動性を踏まえれば個人の道徳性を養うことを前提とした学習と同時に集団としてのあり方を学ばせる取り組みも必要となる．さらには地域社会との接点を重視した学習活動も必須の内容となるだろう．これらの内容を座学である道徳科で全て取り入れるのは物理的に不可能である．現実問題として現在の道徳科授業の内容にとらわれない道徳教育を探求していくことが必要なのである．

　本書は，このような主旨に基づき書き下ろしたものと，これまで学会等で発表してきた論文を一部手直ししたものを含めてまとめたものである．そのため章によっては若干内容が重複する部分もあると思うがご容赦いただきたい．また本書では，道徳性を進化生物学的な観点から自らの利得を放棄して他者の利得を向上させる，及び自らの適応度を下げて他者の適応度を上げる性質であると定義し，この道徳性は利他性また協力性と同義として扱う．そして平気で他者を傷つけるような道徳性に反する性質を「反道徳性」，「反道徳的」と表記する．その上で人間の道徳性や反道徳性を進化学的や社会心理学的な知見を中心に分析した上で，道徳性を涵養し，反道徳性を統制していくにはどのような学習が必要かを指摘する．

　ここまでの内容からすると反道徳性の分析が主にように受け止められると思うが，道徳性と反道徳性は表裏一体の関係であり，また道徳性の利点が反道徳性の問題点を上回ったからこそ人類は生き残ったのであることから，実際には道徳性についての分析の方が分量的には多い．授業例として示してあるものも従来型のように道徳性を伸ばす主旨のものとなっている．

　ただし確認しておくが，本書の内容は現行道徳科における授業論というわけでは決してない．それにとらわれない，より広範な内容となっている．そのため道徳性を涵養する教育については「道徳教育」ではなく「道徳性教育」という名称を用いる．現在の状況では「道徳教育」はそのまま「道徳科授業教育」だからである．また本書で取り上げる授業例の中には，教科でいえば「総合的

な学習の時間」での実践にあたるような内容も含まれている．あくまでも本の
タイトルのように道徳性と反道徳性を見据えた教育論であるということを理解
していただきたい．概要は次の通りである．

　第1章「道徳性と反道徳性はセットで進化した」では，身体能力として脆弱
だった人類が生き残れたのは，高いレベルの協力性，道徳性を進化させること
ができたからであることを示した上で，その副産物といえる他者や他集団を排
斥するといった反道徳性も同時に身についたことを明らかにする．第2章「人
間行動は自動的である」では，人間は自分の意思で行動していると思っている
のは実は錯覚であり，行動を意識する前に既に行動内容は決まっていることを
示した上で，行動の自動性を応用した道徳性教育のあり方を示す．第3章「社
会集団は持久狩猟で進化した」では，道徳性が自然な形で涵養される機会を提
供してきた地域社会集団は，ホモ・エレクトスの時代に始められた持久狩猟に
よって形成されたと見なした上で，それによるチームとしての行動がより明確
な協力性，道徳性を生み出していった経緯を示す．第4章「交換には道徳的な
意義がある」では，人類がその初期から生き残ってきた要因を道徳性の発露と
しての交換という観点から考察し，現代社会における生産流通活動がいかに道
徳性を無視したものであるかを指摘する．第5章「道徳性教育としての言語学
習を見直す」では，豊かな言語活動が脳内活動の活性化によって豊かな感情を
醸成し他者理解も深めるということと，言語的なタグの有効活用によって反道
徳的な行動を統制する原理を示すとともに授業展開例も挙げている．第6章
「道徳性教育と地域学習」では，地元地域の歴史や文化を地元の方々に取材し
たり協力を得たりする形で調査することにより，地域社会の重要性を理解させ
るとともに道徳性の涵養に資する地域共同体と個人とのかかわりを持たせる授
業プランを示す．第7章「道徳性教育とキャリア教育」では，主に地域の生活
向上に寄与する職業や職場での体験活動を行うキャリア教育における個人への
道徳的な影響を明らかにし，企業と連携したキャリア教育の実践例を示す．第
8章「現代社会は超正常刺激に満ちている」では，現代社会が個人の欲望，欲
求を正常な範囲を超えて煽ることによって成り立っている問題点を指摘した上
で，その超正常刺激を統制するのは個人としての「道徳的調整力」であること
を指摘する．

　なお第1章から第5章までは「道徳性教育への視点」として，各章ごとの内
容を実際の道徳授業に生かしていく上でのポイントを章末中心に設けている．

また第6，7章は授業の展開そのものを中心に据えている．紙幅の関係もあり，全てが具体的なものというわけではないが，毎週の授業の参考にしていただければ幸いである．

註

1）相手に危害を加えるような行動をとった場合，それが強制的な指示によるものだと，その行為に対する当事者の主体的な意識は低減する（Caspar et al. 2016）．つまり人間は命令されれば深く考えもせず反道徳的な行動もとるということを示している．だが逆の場合もある．第二次世界大戦中，インドネシア沖で撃沈された英国軍艦の多数の乗組員を日本の駆逐艦が危険を冒してまで全員救助したというエピソードは当該艦長が命令を出したことによるものだった（惠 2006）．

2）体型などの表現型が大きく変わるようなことはないが，細かい部分では短いスパンで変異することはある．たとえば本来人間は乳離れをするとミルクに含まれる乳糖（ラクトース）を消化するラクターゼという酵素を失うため，それを摂取することができなかったのだが，牧畜を開始するようになってから大人になってもラクターゼを維持する遺伝子変異がヨーロッパとアフリカで同時に起こり，ここ7000年程度で世界規模で広まることとなった（Tishkof et al. 2007）．

3）戦争により死亡する人の割合は，先史時代では遺跡からのデータによれば平均15%程度，国家を持たない狩猟採集民でも14%程度であるが，国家社会統計では1%未満となっている（ピンカー 2015）．

4）考えれば分かることだが，この方式には重大なリスクがある．1つは多くの人的，技術的なエネルギーを結集し，壮大な成果となるものをつくり上げたにしても時代の変化や突発的な災害等によって，その成果物に価値や需要がなくなってしまえば一転して壮大な無駄が生じてしまうということである．そしてもう1つは，分業を担うある部門が何らかの理由で活動がストップしてしまうと，全体の完成に大きな支障が出ることである．今日における経済的な問題の多くは，これらのことに関係している．

5）近年隆盛なポジティブ心理学では，こうしたことが主要研究テーマである．

6）もちろんその知識や生活技能が，他者の不利益の上に自分の利益が保証されるといった偏ったものであってはならない．

7）欧米では近代まで血液を外部に排出させる瀉血が行われていたり，日本でも戦場での傷病の治療として馬糞や尿が使われていたりした．

8）文部科学省中学校学習指導要領（2017（平成29）年告示）解説　特別の教科　道徳編　第1章総説の1には，「道徳の時間」を道徳科に昇格させた理由の1つとして「道徳教育そのものを忌避したり他教科等に比べて軽んじられがちな風潮によって道徳授業が計画通りに実施されないこと」を挙げている．

9）2012（平成24）年度　文部科学省道徳教育実施状況調査より．

文献

Caspar, E. A., Christensen, J. F., Cleeremans, A., Haggard, P. (2016) Coercion changes the sense of agency in the human brain. *Current biology.* **26**(5), 585-592.

Tishkoff, S. A., Reed, F. A., Ranciaro, A., Voight, B. F., Babbitt, C. C., Silverman, J. S., Powell, K., Mortensen, H. M., Hirbo, J. B., MuntaserM., Ibrahim, O., Omar, S. A., Lema, G., Nyambo, T. B., Ghori, J., Bumpstead, S., Pritchard, J. K., Wray, G. A., Deloukas, P. (2007) Convergent adaptation of human lactase persistence in Africa and Europe. *Nature Genetics*, **39**, 31-40.

キューグラー，S.，松永美穂・河野桃子訳（2006）『ジャングルの子——幻のファユ族と育った日々——』早川書房，pp. 344f.

ピンカー，S.，幾島幸子・塩原通緒訳（2015）『暴力の人類史』（上）青土社.

惠隆之介（2006）『敵兵を救助せよ！』草思社.

第 1 章
道徳性と反道徳性はセットで進化した

はじめに

　現在地球上で繁栄している多様な生物種の大多数は，これまで激変する地球環境に対して，種の存続の危機に晒されながらも，その都度適応できるように変異を繰り返してきた．我々人類も当然その生物種の一員であり，同様に今日に至っている．現時点でこそ地球の主のように振舞っている人類ではあるが，これまで少なくとも 3 回は絶滅の淵に立たされてきた．その間，多くの人類の仲間も事あるごとに地上から消えていった．その中で我々の祖先だけが生き残ることができたのは，ピンチの度に協力行動を進化させ，それを道徳性として意識化させていったことによるものである．

　人間の道徳性については，様々な動物に共通する社会性や利他性の連続的な進化の延長上にあるとする位置づけが一般的であり，それを疑う余地はない．たとえば de Waal（2009）は，人間の道徳性を「我々が他の動物と共有する社会本能の直接的な結果」であり，ハイト（2014）は「稀とはいえ，ミツバチなどの，チームを重視する利他的生物を育んできた自然がもたらした」所与的な特質として扱っている．

　その中でボーム（2014）は，人間の平等主義を定着させたのは，政治的にまとまった集団が専制的なボスの行動を禁じ処罰を与える能力であり，これによって人間の学習能力の進化に裏付けられた自制であると述べており，人間の学習能力の高さが結果的に協力性，道徳性の進化をもたらしたとしている．ただし，ではどういった時期にどういった状況下で，そのような能力を獲得し，進化していったのかという点は具体的に述べているわけではなく，1 つの可能性を指摘しているに過ぎない．

　人間は，近縁である大型類人猿も含め他の動物とは比べものにならない協力性，道徳性を発揮し，ここまで文明を築き上げてきた．一方，それらとは正反対の反道徳性もまた身につけてきた．これらが具体的な要因や契機もなく，い

きなり現在のようなものに進化することはあり得ないだろう．一般的な進化と同様直接の原因となる事象に遭遇し，方向性選択の結果として，それに対応する形で進化したはずである．それも断続的ではあっても段階的に，である．

　本章では人間の協力性と協力行動，道徳性は，これまで幾度となく起こった大規模な気候変動への適応として，大きく分けて男女の協力，集団内での親密な協力，集団間での戦略的協力の３つの段階に分かれて進化したことを示していく．そして協力行動と道徳性の進化は方向性選択によって先鋭化し，必然的に反道徳性をも合わせ持つようになっていったことを明らかにする．

１．環境の変化と生物進化

（１）　安定化選択と方向性選択，ボトルネック効果

　生物としての生殖の基本は，遺伝子をコピーすることで個体数を増大させていくことである．したがって基本的には同じ個体が無数に増えるだけである．だが，まれにコピーミスが起こり形質が変化した個体が生まれる場合もある．ただしその時点での環境は元の個体が適応していたものであるあるから，形質が変異したものは通常は適応できず死んでしまうことになる．したがって安定した環境の下では，変異した形質の個体があらわれてもその都度排除され，いつまでも同じ個体群だけが生き残ることになる．これを安定化選択というが，地球の環境が40億年ほどの間，全く変わらない状態が続いていたならば，今現在でも地球上には原初の頃の微小な生命体だけが存在し続けていたことだろう．

　一方，何かしらの理由で，それまでの環境が変わることがあったとする．そしてその時点でたまたま変化した環境に適応した個体が現れたとする．すると，今度は変異したその個体の方が有利となり数を増やしていく．反対にそれまで栄えていた元の個体群は死滅したり大幅に数を減らしたりすることになる．そしてまた環境が変化したときには，さらにそれに適応した個体が現れればこれまた同じ展開になっていく．こうなると環境の変化に適応できるように変異した形質を持つ個体群が生き残り，もともとの個体群が消え去っていく．その時点で適応的な環境の方向へと変異していくことから，これを方向性選択という．そして適応した変異種はその子孫を多く残すことになり繁栄を迎える．

　実際には地球上のローカルな環境の中でそれぞれの条件に応じて特化し，つ

まり生物としての生態的な地位であるニッチを確保して繁殖していくことになる．このようにその場の環境ごとに生息できる種や個体数が制限されることによって偶然に遺伝子が変異する遺伝的浮動の幅が広がり，ごく一部のみが繁栄することをボトルネック効果という．場所ごとにニッチを確保した生物層があらわれるので，全体としては種の多様化がさらに進むことになる．

　現在まで地球にはありとあらゆる生物群が登場してきたことから考えると，これまでの地球の歴史の中では，実に多くの自然環境や，さらには生物相の拡大に伴う影響による変化が繰り返されてきたということになる．

（2）　生物は危機の度に進化した

　46億年前に誕生した地球に，生命があらわれたのは40億年ほど前である．印象としてはその後，生物は着実に直線的に進化を遂げて今日のような生物相を形成するに至ったように感じられるが，実際はそうではない．その過程は断続平衡的であった[1]．つまり，あまり変化しない時期が続いたかと思えば，急激に進化を見せる時期もあったということである．

　当初，RNAを外殻で覆った程度の微生物が，ランダムな遺伝子の突然変異だけで大型の多細胞生物にまで進化するには，計算上は現状よりはるかに膨大な時間がかかることになる（Berkemer & McGlynn 2020）．つまり通常の進行を飛び越えるような断続的な進化が時折見られたということである．

　これまでの地球の歴史を見てみると，実際に生物の飛躍的な進化が見られたのは，23億年ほど前，及び7億年ほど前から6億年ほど前である．この時期，地球で起こっていたイベントは全球凍結（スノーボールアース）である．分厚い雲に覆われ太陽エネルギーが地表に届かなくなったこの時期の地球では全球凍結に伴い，空前の大量絶滅が起こった．この原因は銀河系と矮小銀河の衝突に伴う超新星爆発や，あるいは太陽系と暗黒星雲の遭遇によって地球上に大量の宇宙線が降り注ぎ雲核の形成が促進されたことによる（森 2019）．

　なお6600万年前に恐竜の絶滅を引き起こした大量絶滅も直接の要因となったのは現在のユカタン半島付近に衝突した巨大隕石であるものの，やはりこの時期には800万年にわたり暗黒星雲と遭遇しており寒冷化が進んでいたことが背景にある（二村ほか 2018）．あくまでもとどめを刺したのが巨大隕石だったのである．

　これらの大量絶滅の後には，生物はその都度画期的な進化を遂げていった．

23億年前には真核生物が，6億年前には多細胞生物が登場したのである．特に6億年前にはエディアカラ生物群が爆発的に出現し，その後のいわゆるカンブリア爆発から現在につながる生物相への進化につながった[2]．この断続的で急激な進化は，全球凍結後の急激な気温上昇によってシアノバクテリアが増殖し酸素濃度が上昇したこと，大量絶滅によってニッチに余剰が生まれたこと，そして大量の宇宙線の降下によって遺伝子の変異が促されたことが考えられる[3]．

遺伝子の変異については，この当時の生物は単細胞生物であり，ゲノム数もそう多くない段階であったために，より大きな影響があらわれた．またさらには遺伝子の変異は対立遺伝子の変異として蓄積されるが，生活環境の激変によってエピジェネティックな変化[4]も促進されて，その発現が一気に加速したということが考えられる．

いずれにしても，生物にとって絶滅に瀕したとき，そのピンチを乗り越えて大きく進化，発展していったということは間違いない．以下示していく人類の歩みでは結果的には遺伝子の変異によるものであるが，人類の場合は単細胞生物というわけではなく，また進化の時間的スケールも短いので，宇宙線や酸素濃度の直接の影響によるものではないだろう[5]．変異の蓄積とエピジェネティックな変化の影響が，生存の危機に立たされたことによって方向性選択としてあらわれたと考えられる．

2．人類の道徳性と反道徳性の進化

（1）　動物に見られる利他行動

人類の道徳性と反道徳性の進化の過程を示す前に，その前段階としての動物の利他行動を取り上げる．上述したように人間の道徳性はあらゆる生物の進化の延長上にあるものであることから考えれば，様々な動物に見られる利他行動は道徳性の萌芽ということになる．ここで取り上げるいくつかの種類の動物は，それぞれユニークな方法で個体同士が助け合いをしている．現在彼らが種として生き残っているということは，方法は様々であるにしても利他行動という方向性を持った行動変異が有効だったということを示しており，その結果として種は異なっても助け合うことは同じという収斂進化の様相を呈していることになるだろう．

進化の過程では生物全般の利他行動はまず血縁淘汰として見られるように

なった．親が子を養育したり，外敵から身を挺して守ったり，というのは動物の世界においてもあたりまえの光景である．これは血縁度が高い個体に対するほど利他行動をとった方が自分の遺伝子を子孫に伝える確立が高くなるからである（Hamilton 1964）．親から子への無償の愛という解釈もできそうな動物の行動だけでなく，それとは縁遠そうに見えるハチやアリに見られる利他行動までこれによって説明することができる．

　そしてさらに血縁関係になくても他の個体に利他的に振る舞い，その後にその個体から逆に恩恵を受けることになるのであれば，その時点では適応上の損失があっても長期的には適応度は上昇することになる（Trivers 1971）．この互恵的利他行動は血縁淘汰による利他的行動ほど多くの動物にみられるわけではないが，いくつかは観察されている．

　たとえば，ケニアからアンゴラに生息しているベルベット・モンキーは自分たちの天敵であるヒョウ，ワシ，毒蛇が近くに来た時には，それぞれに対応した種類を使い分けて警戒音を発している（Cheney & Seyfarth 1985）．警戒音を発する個体は当然天敵に自分の居場所を教えることになり，自分が襲われるリスクを招く．だが，そのことにより集団としてはより安全な場所に逃れることができる．

　また，メキシコからアルゼンチン，チリにかけて分布しているチスイコウモリ[6]は，主に牧場として開拓された地域で見られるが，これには次のような利他行動が観察されている．チスイコウモリのメスは日中は洞窟や樹洞内でかたまっているが，夜間になると小さな集団をつくり，主にウシやウマなどの家畜の血液を吸い食物としている．

　チスイコウモリ同士は，長期間の交流を通じ日常的に血液を吐き戻して分け合う（ウィルキンソン 2007）．チスイコウモリは 60 時間ごとに 20〜30 ミリリットルの血液を飲み干さなければ体重が 25％ほど減り体温の臨界温度を保てなくなる．つまり二晩続けて吸血に失敗すると餓死してしまう．餓死寸前の個体が仲間から濃縮された血液を 5 ミリリットルを与えられると，12 時間の生存ともう 1 回の吸血の機会を得ることになる．

　与えた側では餓死まで 12 時間を失うものの，なお 36 時間の猶予がある．吐き戻しの 70％は母子間であったが，残り 30％は成獣メスが他個体の子どもに与えたり，成獣メスが他の成獣メスに与えたりしていた．この行動を相互に行い続ければ双方ともメリットがある．つまり互恵的な行動である．

　一方，人類と近縁のチンパンジーでは，さらに他の動物に比べるとより高度
な利他行動をとっている．コロニー内での大人同士の食べ物の移転についての
詳細な観察によれば，一定方向の移転の回数は反対方向の回数と関連が見られ
た（ドゥ ヴァール 1998）．つまりAがBにたくさん分けてやればBもAに気前が
よく，AがCにあまり食べ物をやらなければCもAにやらないということだ．

　だがYamamoto（2009）によれば，チンパンジーの利他行動は必ずしも人間
と同様と言えない点もある．Yamamotoは，利他行動を見る実験において2
個体のチンパンジーを透明で手が出せる程度の穴が開いている壁で仕切られた
部屋に入れた．部屋の外側にジュースが置いてあるが，片方はストローがなけ
れば飲めない状態，もう片方はステッキで引き寄せなければ届かない場所に置
いてある．それぞれの部屋にはストローとステッキがあるが，双方とも必要な
ものとしては反対の部屋に置いてある．

　この状態で，他者のために必要なストローやステッキをやりとりするかを観
察してみると，結果としては必要な道具を相手に渡すという互恵的な行動が見
られたが，その70％は相手からの要求に応えるものであった．自発的に双方
向のものはペアが母子間の場合に多く，非血縁の場合の自発的なケースは劣位
個体が優位個体に渡すというものであった．この結果によるとチンパンジーに
は利他性が見られるものの要求があった場合それに応じる程度のもの，という
ことになる．

　ところが，霊長類の中でもチンパンジーではなくオマキザル科に属するコモ
ンマーモセットでは，似たような実験の結果として相手の要求がなくても利他
行動が見られた（Burkart et al. 2007）．またアカゲザルを用いた実験では，自分
が餌を食べることによって仲間のアカゲザルが電気ショックを受けるのを見る
と，食べるのを回避するようになった（Wechkin et al. 1964）人類と近縁なチン
パンジーよりも遠い関係にあるコモンマーモセットやアカゲザルの方がより利
他的であるというのも不思議なところである．

　これらのことから考えると，利他性の具体的な特徴は種独自で進化した面が
大きいといえる．それぞれの種を取り巻く環境によって，そのように方向づけ
られ進化したということである．となると人類には人類としての進化上の独自
の理由があったということになる．次項以降では3段階にわたるその経過を見
ていくこととする．

（2）　人類の誕生と最初の危機——男女の協力の進化——

　様々な動物の利他行動を見ると，人類においてもその誕生以前から道徳性の基盤は身についていたであろうと考えられる．700万年ほど前まではアフリカの熱帯雨林の中で平穏に暮らしていた人類の祖先も，そのままであったならば他の動物程度の利他性を持つ豊かな毛並みの動物で終わっていたことだろう．だが地球の地殻変動に伴う気候への影響が顕著となったことから，少なくとも3度，人類は絶滅のピンチに襲われた．そのことが人類の運命を大きく左右することになったのである．

　最初の危機は人類が誕生するきっかけともなった700万年前頃のことである．人類は男女の協力を進化させることによってこの最初の危機を克服した．

　現在のインドはかつては独立した大陸であったが，地殻の変動に伴い北上し，5000万年前頃になるとユーラシア大陸と衝突する．そして1000万年前頃になるとその力によってヒマラヤ山脈が高くそびえるようになった．ヒマラヤ山脈が形成されると世界の気候に変化が見られるようになり，アフリカではそれまでの湿潤な気候が乾燥化に向かうことになる．現在のサハラ砂漠もかつては森林におおわれていたのだが，乾燥化に伴い次第に森林境界は南下し，徐々に疎開林へと変わっていった（安成 2013）．

　森林の樹上で果実を主な食料資源として暮らしていた人類の祖先は，その多くが森林の減少と共に樹上から消えていくことになった．だがもともと樹木の下部の太い枝を中心に2足歩行を行っていた我々の祖先の一部は，700万年前頃から400万年前頃にかけて，地上に降り立ち新たなニッチを開拓していくことになったのである．

　ただしそれは生易しいことではなかった．2つの理由から地上に降りた人類は，絶滅の危機に立たされたのである．1つは食料資源の著しい減少である．それまでの樹上生活で得ていた果実は当然ながら地上ではこれまでのように得られない．地上に落下しているものを確保するにしても，その数はたかが知れている．

　もう1つは捕食者からの捕食リスクの高まりである．樹上と違って地上にはその当時サーベルタイガーと呼ばれる剣歯虎類や子ども程度の体躯であれば容易に足でつかみ，連れ去ってしまうことができる大型の猛禽類など，恐ろしい捕食者がうようよしていた．当時の初期人類であり樹上下部と地上両方が生活の場であったと思われるサヘラントロプス・チャデンシスや，また完全に地上

生活となった 400 万年ほど前のアルディピテクス類，その後のアウストラロピテクス類にとっては圧倒的に不利な環境である．この時点で絶滅しても全くおかしくなかったのであり，実際幾多の個体やグループまた亜種と呼べるものの多くが滅んでいった．その中で現在の我々につながる系統だけが生き残ることができた．その理由は何だろうか．

　まず考えられるのは 2 足歩行であろう．上述したようにサヘラントロプスにつながる段階で，ある程度の 2 足歩行は可能であったと思われる．それは地上を歩くための適応ではなかったのだが，たまたま地上に降りることになった時に，もともとの用途とは異なる使い方である前適応としてそれが役に立ったのである．

　2 足歩行の地上生活での利点は何と言っても自由に手が使えるということである．数少ない落下した果実を拾い抱えて集めることができるわけである．また植物の根茎や地下に生息する昆虫を掘り出すこともできる．当時の段階では 2 足歩行といっても現在の幼児並みのよちよち歩きのレベルであったが，それでもある程度の範囲をカバーし採集した食料を抱えて確保したのである．

　このように 2 足歩行を行っていたことが初期人類が生き残った大きな要因であるというのが一般的な理解である．ただしこれが決定的な要因とは言い切れない．2 足歩行というと人類の専売特許のように思われがちだが，約 900-700 万年前に現在のイタリア，サルディニア島に生息していたオレオピテクスも 2 足で地上を歩行していたと考えられている（Köhler & Moyà-Solà 1997）．だがオレオピテクスは子孫を残し続けることはできず，短期間で姿を消してしまう．2 足歩行が種の生存に絶対的に有利であったわけではないのである．

　ではそれと合わせ有利となっていった要素は何だったのであろうか．それこそが男女の協力である．人類においては既にサヘラントロプスの段階から犬歯は縮小し男女の差は見られない（Smith 2018）．犬歯は様々な動物に見られる武器だが，主な使用の用途はメスをめぐるオス同士の争いである．人類の場合は一夫一妻に近い形を取り入れたため無駄なエネルギー消費である男同士の争いを行うことなく，男は食料資源の確保，女は子育てに専念することになった．またチンパンジーのように乱婚形態の場合は，オスがどれが自分の子か識別することはできず，そのためメスが子の養育を一方的に受け持つことになる．これに対して一夫一妻となるとオスは自分の子を確認できるため，たとえば父親と息子が共同で食料資源確保にあたるといったことも可能となった．こうした

夫婦間親子間の協力体制は，結果的に捕食者への警戒も行き渡ることになり種の存続に大きく貢献したと考えられる．

　このように初期人類は2足歩行を生かし，男女で異なる役割を分担しながら協力する方略をとった．そしてこの方略をとった者たちだけが，厳しい環境の選択圧を乗り越えることができたのである．

（3）　2度目の危機──集団内の協力の進化──

　アフリカの乾燥化によって森林が減少するという危機を2足歩行と男女の協力で乗り越えた人類の2度目の危機は，今から200万年ほど前から始まった．

　この頃地球は，地軸の傾きと歳差運動から寒冷化が周期的に起こるようになる氷河時代に突入した．500万年ほど前から大幅に下降し始めた気温は300万年ほど前から小康状態を保っていたが，250万年ほど前から再び急下降するようになった（Zachos et al. 2001）．その変化は激しく，約8万年周期で氷期と間氷期を繰り返す「気候のジェットコースター」ともいわれるような時代となったのである（フェイガン 2011）．

　寒冷化すると蒸発作用も低下するため特に内陸部では乾燥化が顕著となる．そのためアフリカではさらに乾燥化が進み，植物系の食料を確保していくのが次第に困難になっていった．この2度目の危機に対する人類の生き残りの方略は集団化の定着と集団内の協力行動を進化させることだった[11]．

　地球の寒冷化，乾燥化が進む中で190万年ほど前に登場するのがホモ・エレクトスである．減少する植物系食料を補うためホモ・エレクトスが開始した画期的な方法が肉食である．高カロリーが得られる肉食は減少した食料を補って余りあるものであった．当初は肉食獣が食べ残した屍肉，骨髄を食していたと考えられる[12]が量的には限られているため，やがて自ら狩りをするようになっていった．

　だが身体能力として強靭な体力があるわけでもなく，攻撃に特化した武器となるもの[13]を肉体的に持ち合わせているわけでもない．それを可能とする能力を発達させていくしかなかったのである．屍肉，骨髄を食していく中で少しずつ大きくなっていった脳がそれを支えることになった．ただし能力といっても何もないところから生まれることはない．それまで身についていたものをいじくりまわして役立てるティンカリングやブリコラージュ，また前適応として活用していくことになる．身体能力としては次の2つの能力を高めていった．

　まず1つめは，2足歩行をさらに洗練されたものとすることである．2足歩行は短距離では他の動物に比べスピードが遅いため有利になる要素はない．だが，エネルギー効率がよいため長距離に適している（Sockol et al. 2007）．スピードは遅くとも他の動物がすぐにばててしまうような距離を平気で走り続けることができる．そこで，長い距離を走りやすく，そして熱がこもらないようにするために，体毛を消失させると同時に発汗能力を身につけ体型もスリムに手足も長くなった[14]．

　2つめは手の活用である．それまではものをかかえることが主な手の役割であったが，さらに指の動きを繊細なものにすることにより，ものを握ったりつまんだりという動きをスムーズに行えるようになった．また腕の可動域を広げることによってものを投げるという行動も起こせるようになった．この時期以降に制作されたハンドアックス（握斧）に代表されるアシューリアン石器は，それまでのものに比べればかなり精巧であり，肉の解体や皮剥ぎに使われていたらしい（Beyene et al. 2013）[15]．そして後々には槍や投擲器といった洗練された道具へと発展していくのである．

　これらの能力を生かすことによって，大型草食動物を相手が熱中症になり倒れるまで，ひたすら追い続けるという持久狩猟が定着した（リーバーマン 2015）．ただし武器を持って走り続ければそれで万事 OK というわけではない．解決しなければならない点がある．

　第一に短距離走のスピードの違いから，追いかけてもすぐに引き離されてしまうということである．見失ってしまえば追いかける意味はない．それを解決するためには，普段通り道となっている動物のルートを把握しておくことである．獲物となる動物は低速の敵に追われるだけなので，ただやみくもに逃げるわけではなく自分にとって安全なルートをたどるはずである．できれば人数を分散させて駅伝形式で待ち伏せしながら追えば見失うことはないだろう．もしくは大人数で追えるのであれば，待ち伏せ部隊が威嚇し反転させることができれば挟み撃ちにすることもできる．

　第二に獲物を追い詰めたにしても，とどめを刺すのは容易ではないということである．獲物も簡単に仕留められたくはないはずなので，残っている体力を振り絞り散々抵抗するだろう．これに対して人類側は武器といったところで現在に比べれば拙いものであり，かなり手こずることになる．仮にその場面でけがばかりするようなことになっていたのでは，コストが高くなりすぎて安定し

た狩猟は成立しない．そこで複数人で取り囲むなどして注意を一方に集中させ，油断したところを違う一方から狙い撃ちにする，といったことなどが行われていたのであろう．

こうした狩りを行うには集団化を図る以外に方法はない．そこで血縁者から成る安定した集団を形成するようになり，そして集団内で役割分担しチームワークを発揮するという高度な協力行動が進化していったと考えられる．実際195万年前頃には既にヌーやクーズーといった大型の草食動物，またワニやカメといった水生の動物まで捕えていたことが分かっている（Brauna et al. 2010）．このように方向づけられた集団だけが生き残ることができたわけである．

ただしこの狩猟の分担，手順，方法というのは放っておいて自然とできるようになるわけではない．道具作りも含めて誰かが発明，考案したとして，それを集団全員が理解し，継承していくことができなければ持続的に狩りを行うことはできない．集団内での協力行動が進化し身についたということは，ものづくりや協力性が求められる集団行動パターンを教え学ぶ能力も進化したということになるのである．

（4） 3度目の危機——集団同士の戦略的協力性の進化——

190万年前頃にあらわれたホモ・エレクトスは脳容量以外の体型も現在の我々とほぼ同じで，集団内で相互に協力し合うことで主としての存続を確実なものとしていった．このため他の亜種が滅亡していく中で，ホモ・エレクトスはボトルネック効果によって繁殖に成功し，個体数も相当数増やしたと考えられる．このことがアフリカでの人口密度の増加傾向をもたらし，結果として新天地を求めて次々とユーラシア各地から現在のインドネシア方面まで進出していくグループを生むことになった．この状態のまま今日に至っても全く不思議はなかったのである．ところが3度目の危機がその状況を変えていった．この3度目の危機に対しては集団同士の協力性を進化させることによって乗り切ることになる．

60万年前頃になると10万年周期で大陸氷床が拡大，縮小し，また氷期と間氷期の移り変わりはますます急激になり，その移行期間がわずか数百年から数千年ということも起こるようになった（フェイガン 2011）．そのため潤沢にあると思われた食料資源が瞬く間になくなっていくということも珍しくなかったのである．

　こうした影響もあり，人類はその後もアフリカからユーラシア方面に移動を繰り返し，40万年前頃にはヨーロッパ方面に移動した集団がクロマニヨン人として4万年前頃までその地で存続することになる．このようにさらに厳しくなった環境は人類に一層の淘汰圧をかけることになり，30〜20万年前頃になると形態学的に我々そのものであるホモ・サピエンスが登場するのである．

　上述のホモ・エレクトスで十分といってよいほど進化を見せた人類が，さらに求められた能力は何だろうか．集団内での協力行動で済むのであればそれ以上のものは求められることはないが，結局はそれでは追い付かなくなったということなる．実際，ユーラシア方面に進出したホモ・エレクトスはその後全て絶滅した[16]．このことを端的に示すのが次の事例である．

　今から7万4千年前，現在のインドネシア，スマトラ島でトバ火山の大噴火が起こった．これは，過去10万年間で最大のものであり，吹き上げられた硫酸エアロゾルはおよそ10日間で地球全体に広がり，世界を厚い雲で覆った．気温は一気に15℃も下がり，世界のほとんどの地域が氷点下となって，それが10年間続いた．食料は尽き，多くの動物種も絶滅やそれに近い形になったと考えられる．当然，人類もその危機に立たされた（Rampino & Ambrose 2000）．

　また現在の南アフリカ地域住民のDNAの分析によると，10万〜5万年ほど前の期間は，アフリカ南部に隔離された状態の小規模集団が点在していただけであったらしい（Behar et al. 2008）．いずれにしてもこの時期は，人類にとって相当過酷であったことは間違いない．

　だが，幸いにして一部の人類は生きのびることができた．この時期の地層を見てみると，限られた地域でしか採れない黒曜石がそれ以前のものと比べると格段に増えている．当然，黒曜石だけの取り引きとは考えられず，食料やその他資源の交換がなされたと思われる．これは他の地域と交流があった集団が生き残ったことを示している．つまり，必要なものを集団で独り占めしたり，奪い取ったりするわけではなく，互いに持っているものを交換する協力行動を集団単位でとることができた者たちのみが命をつないだということになる[17]．

　この頃の地球は急激な気温の乱高下に加え，時折発生する火山の大爆発といった深刻な状況が幾度となく繰り返されたであろう[18]．その度に集団同士の協力行動は高められていったと考えられる．集団同士の協力というと今日の感覚では違和感なく受け止められるが，当時は人類の能力的な進化を求められるほどの高度な行動であった．まず何と言っても人口の絶対数が少ない中で自分た

ちと異なる集団と出会うこともそうはなかったであろうし，接触するにしても地理的な概念が頭に入っていなければ，離れた集団同士で連絡を取り合うこともできない．

　さらに意思の疎通を図るにはコミュニケーションツール，つまり言語の発達が必要であった．ホモ・エレクトスの段階からその萌芽はあったはずだが，明確な形でそれを整え，しかも他集団と通訳もしなければならない．これだけでも大変高度な能力が求められる．また意思の疎通が図られたとしても相手が信用できるかどうかは分からない．

　何かを交換する場合，どの程度の分量なのか，いつどこで交換するのか，もし約束が守られなかった場合はどうするのか，こうした権謀術数的なことも含め対人的，また対集団的なコミュニケーションを図っていく中で知性はいわゆるマキャベリ的知性として[19]，さらに高められていった[20]．結果的に集団間の戦略的な協力性が進化することになったのである．

　もっともこうしたコミュニケーション能力は集団内でもその基本は培われていたはずである．集団内で協力すると言ってもそれぞれ個性や得意とする能力の違いもあるわけであるから，それらを相互に把握した上で共同行動をとらなくてはならず，個人間の貸し借り的な関係もあっただろう．

　こうしてホモ・サピエンスでは集団内の協力性に加え集団同士の戦略的な協力性も高めることによって一段と厳しくなった気候変動を乗り越え，7〜6万年前以降の本格的な出アフリカを迎えることになった．

　ただし多少本筋からは離れるが，ここで考えておく必要があるのは，出アフリカが本当にその頃だったかということである．もっとも古い時期のホモ・サピエンスと見られる化石は 30 万年前頃のものが現在のモロッコで発見されている（Hublin et al. 2017）．

　またケニアでは 32 万年前頃のものが使用していたと思われる黒曜石とともに発掘されている（Brooks et al. 2018）．2 万年のタイムラグがあるとはいえ，これだけを見ると遠隔地で同時発生的に進化したことになり，単純に考えて腑に落ちない面がある．また集団間のやりとりがホモ・サピエンスを生み出した要因であるなら場所的にも時間的にももっと複雑な動きがあるべきなのではないだろうか．アフリカの一部の地域でこうした進化が起こったというのはどうもスケールが小さいように思われる[21]．190 万年前のホモ・エレクトス段階においてもその初期からユーラシア，アジア方面に進出していったのにもかかわらず

である.

　そこで近年の研究では 60 万年前頃から現在の中東方面に進出し，その後ネ
アンデルタール人やネアンデルタール人と分岐したデニソワ人[22)]とも一部交雑し
ながら集団同士の接触を持つことによって能力的な進化を遂げ，30 万年前頃
にアフリカへ再び戻っていった集団群がホモ・サピエンスなのではないか，と
しているものもある（ライク 2018）．この考えに従えばホモ・サピエンスの遠隔
地での分散も説明することができる.

　いずれにしてもさらなる過酷な自然環境が一層の協力行動を促す方向へと淘
汰圧をかけることになった．その結果，進化したのが戦略性を伴った集団間の
協力行動である．この能力をうまく使えた者たちだけが生き残ることができた.
人類の協力性が方向性選択によって先鋭化したともいえるだろう．そのため
我々現在の人間にとっても自分の所属する集団というのは，戦略性を持つ頼も
しい存在であり，また構成メンバーである各個人が全てを委ねるに値し，それ
なしには生きていくことができない存在となっている.

　そのため誰かを個人として認識する場合も，必ずその所属集団と一緒に行う
ことになる．この集団への所属意識というのは我々にとっても非常に重要な規
範であり道徳性の基盤となっているのである（ハイト 2014）．またライクの説に
従えば集団同士の交流も，より広範な規模で行われていたことになり，戦略的
協力性の進化に一層資することになったであろう.

3．反道徳性の進化

　前節では食料資源の減少を伴う厳しい環境変化に対する方向性選択の結果,
非常に具体的な，つまり戦略性を内包した高度な協力行動が進化した経緯を示
した．だが我々には戦略性つまり相互の探り合い以上の残虐性を持った問題行
動をとる性質があることも自覚している．こうした反道徳性というのは，方向
性選択の結果により協力行動とそれに伴う自覚的な道徳性とセットで進化した
と考えられる．それはどのような理由によるものだろうか.

（1）　種としての繁殖と反道徳性
　たとえば何人かの目の前においしそうな食物が 1 つだけある．その時に周り
はどうでもすぐに自分が食べてしまいたい，と思うのは至って普通である．そ

して実際に自分のものにしてしまえば，生物的なエネルギー確保という点では，自らの生存はとりあえずは保証される．これはどの生物にとっても基本的な性質であり行動である．

　しかし，その場はそれでよくても長期的に見れば，決してその行動は適応的ではない．アクセルロッド（1987）は「反復囚人のジレンマ」と呼ばれる特殊なゲームによるコンピュータ・プログラム選手権を行ったが，結果は初回は協調しその後はすぐ前の回に相手が選んだ行動をとる，つまり初回以外は相手が裏切ればその次は裏切りのお返しをするが，その後相手が協調し続ければこちらも協調し続けるという「しっぺ返し（TIT FOR TAT)」という単純なプログラムの優勝ということになった．

　相互に協力行動をとり続けていけば，ノンゼロサムゲームとなり当事者たち双方が利得を得られるのである．この結果に示されているように協調行動をとることは双方の利得を向上させる．単独で生きていくことなどとても無理な人類が協力行動を高度に進化させたのは正解だったのである．人間の場合はそれにとどまらず，それを自覚的な道徳性として崇高なものに昇華させた．

　だが一方で人間は反道徳的な面も持ち合わせており，その残虐性は動物も及ばないものともいえる．そのため人間の本質は邪悪なものであり，道徳性などというものは「忌まわしい傾向が沸き立つ大釜を覆う薄いベニヤ板（ドゥ・ヴァール 2014)」程度のものだという道徳性の「ベニヤ説」もこれまでに唱えられてきた[23]．それを上回る道徳性を進化させたのは間違いないにしても，現在の我々に残虐な反道徳性という一面も持っているということを考えれば，その性質も道徳性と共に人類の生き残りに貢献してきたということになる．結局，現在の我々がいう道徳性も反道徳性も進化という点では関係ない．全ては遺伝子を子孫に残せるか残せないか，なのである．

　人類が遺伝子を残し続けていくには2つのこと確かなものにしなければならない．1つは生き残れる可能性の高い子孫を産むことであり，もう1つは共に生活していく集団を永続的に存続させることである．このうち子孫を産む生殖は直接遺伝子を残していくことになることから，どの生物種も様々な戦略を駆使している．当然人類も配偶者の獲得について独自の戦略がある．

　ただし，いくら良好な生殖によって強靭な個体が生まれたとしても，集団そのものに何か欠点があって資源の確保も捕食者からの防衛もうまくいかなければ，やがてはそれは滅んでいくことになる．人類の場合はここまで述べてきた

ように，生殖についても集団についても協力行動と道徳性を進化させることで対応してきた．

　だが，重要なのはそれらはあくまでも協力に至れば，の話ということである．協力する前の段階で，それが実を結ばないと判断すれば，極論ではあるが異性であろうが他集団であろうがその時点での相手を抹殺しても構わないということになる．その次の相手と協力できれば生き残ることができるからである．環境による淘汰圧は協力行動へと方向付けたが，あくまでも結果的にそうなればそれで十分なのである．

　もちろん，今考えればそれはとんでもないことであり，我々の祖先が常に積極的にそうした態度で異性や他集団に対して臨んでいたわけでもないだろう．だが原理としてはそれは紛れもなく成立するものであり，残念ながら我々の歴史や日常を見れば，それに基づいた行動があるのは明らかである．

（2）　配偶者の獲得と反道徳性

　繁殖のためには配偶者が必要である．これをめぐる戦略は男女で大きく異なるものであるが，いずれの場合も性的嗜好として我々の生活の中では心理面，行動面においてかなり高い割合を占めている．そしてそのことが反道徳的な根本的な原因ともなっている．

　実際問題として，顔の美醜については誰もが強い関心を持っており，一般に美しい形質，つまり美男美女が好まれる（松井・山本 1985）．ただし男女の繁殖の戦略上，性的な嗜好は性別によってかなり異なっているのが実際である．一般に顔の美醜により重きを置くのは男性である[24]．また男性は相手の見栄えや貞節といった点を重視する．これは雄の方が生殖の機会をより多く持つことが可能なため，よりよい遺伝子をいわば手当たりしだいに求めるという戦略の結果である．

　一方，女性は子の出産，養育についてはるかにリスクが高くコストがかかるため，配偶者の選択には生活の保証が大きく関わる．そのため，確実に繁殖に貢献しそうな異性を求めるという戦略の結果として，美しさだけでなく力強さや誠実さといった要素も重視するようになった．

　こうした特質から女性は特に見た目を重視して常に美しくあろうと，一方男性は力強さや誠実さを誇示しようとするのであり，このことは社会文化的にも完全に定着している．結局「進化は女性にとって冷酷である」（バス 2007）の

で，女性向けのファッションや化粧品，美容や痩身用品などは重要な産業となっているのである．これに対して男性向けにはその性的戦略の特質から直接その欲求に応じるような面で産業化が進んでいる．これらがポルノやいわゆる風俗関係産業である．

　また性別に淘汰圧がかかる性淘汰においては，動物の世界では力のあるオスがメスをより多く確保し，繁殖する例が見られる．雌雄で各々の性戦略の違いから体型等が明確に異なっていることを性的二型というが，その顕著な例は競争に勝ち抜いたオスがハーレムをつくるゾウアザラシであり，オスはメスの7倍の体格を持つ．

　人間の男女の体格差は男が女の平均1.1〜1.2倍なので，このことからほぼ一夫一婦制が定着していることが分かる．ただし全く同一でないということは，完全には定着していないということである．国地域によっては一夫多妻制が認められていたり，正妻以外の愛人を持つこともあったりすることがこれにより裏付けられる．人間のこうした傾向はどちらかというと父権型の社会を生み出している．大型類人猿は概ねこの対応であり，父権型の社会ではオスがいかにメスを確保し，自分の遺伝子を残していくことができるか，が全てである．

（3）　人類の性戦略と反道徳性

a　大型類人猿の戦略

　では，人類の性戦略と反道徳性の関係についてはどのようなものだろうか．それについて詳述する前にまずは大型類人猿の戦略をいくつか見てみよう．初めにオランウータンについて取り上げる．オランウータンで特徴的なのは，レイプが見られることである．だが，それは人間のものとは異なる．オランウータンではオスに2種類のタイプがある．1つは体が大きく，他のオスに競い勝って力づくでメスを確保するタイプである．もう1つのタイプは体は小さく力も強くない．一見したところ子どもの体型である．ところが，実際には肉体的には成熟しており十分おとなになっている．このタイプがメスをレイプする．つまり強いオスと戦っても勝ち目はないため，オスに対してもメスに対しても相手を油断させておいて生殖を行うのである（Maggioncalda & Sapolsky 2002）．オランウータンの場合は性的三型とでもいう状態になっているのかもしれない．

　これに対してゴリラの場合は，メスを手に入れるためのオス同士の争いはあるが殺すところまでには至らず，メスに対する暴力もない．その代わりにある

のは子殺しである．メスが「寡婦」となったり弱ったオスと群れを形成している場合，オスは率先してその群れの子どもを殺す．するとメスは子どもを殺したオスとつがいになり，新たに子どもを産む（山際 2007）．メスにとっては自分と子どもを擁護してくれるオスが一番というわけだ．

　もっとも子殺しは主な動物群の全てにおいて，哺乳類だけでなく昆虫類から鳥類，魚類まで見られる（ランガム＆ピーターソン 1998）．理由は明確でおとなより子どもの方が殺しやすいからだ．自分の遺伝子を残すため，他者の遺伝子を持つ子ども殺すという，よりコストのかからない行動をとっているのである．

　チンパンジーの場合は縄張りを持ちそれを拡大していくことに血道を上げる，他のグループのオスは殺し，メスは戦利品として持ち帰るのである．グループ内でもメスの全てはオスから何らかの暴行を受ける．メスより体の大きなオスは抵抗するメスに暴力をふるい最終的に従属させて交尾を行う[25]．他のグループを襲撃し壊滅させれば繁殖の機会が増え，オスにとってより多くの子孫を残せることになるのである．

b　人類の場合

　以上の例は皆ヒト科に属す我々人間の親戚である．彼らは特段悪いことをしていると思ってこうした行動をとっているわけではない．このようにして遺伝子を残してきただけでの話である．人類も 1400 万年〜700 万年ほど前までは彼らと同じ祖先であった．となればこうした要素はそれなりに持ち合わせていると思う方が自然であろう．その残虐性が端的にあらわれているのが殺人である．

　殺人行為というのはどの国，地域でも同性，異性に対するものを問わず男性によるものが圧倒的である[26]．男性同士の殺人は繁殖期つまり若者世代に多い．要するに男の若者はより優れた配偶者を得るために，いかに自分が他の同性に比べて力強いかを誇示するのである．誇示具合によって他の犯罪や問題行動，いじめといったことにもつながることになる．

　一方，男性の女性に対する殺人は自分の遺伝子を残すことができるかどうかによるものである．女性が受精し出産するということは，よほどのことがない限り，自分の子どもは確実に認識することができる．これに対し，男性は精子を提供するだけなので現在のように遺伝子検査が行われるようになるまでは，自分の子かどうかを確認する術はなかった．もしも自分の遺伝子を受け継いで

いない子を養育することになればその投資は全てむだになる．そのため，そうならないように様々な対策をとることになるのである[27]．

　もっとも極端な方法が自分の遺伝子を残せそうもなかったら相手の命を奪うというものだ．つまりは女性にふられたら相手を殺してしまうのである．そうすれば自分の遺伝子は残せないが，同時に自分以外のライバルの遺伝子を残すこともなくなる．残念ながら現実にそういった痛ましい事件は珍しくない[28]．

　こうした性戦略の結果としての反道徳性は，地上生活開始時の絶滅の危機を男女の協力によって乗り越えたことと比べると矛盾を感じる．男女が協力するようになったからこそ男性同士の要らぬ争いを少なくし，その分資源獲得や捕食者からの防衛にエネルギーを回したはずである．その協力性はどうなったのだろうか．

　結局男女の協力といってもそれは配偶者選択の後であり，その前段階では時には命に及ぶような争いがあったとしてもおかしくない．またチンパンジーのように女性を力ずくで服従させても結果的には協力の形がとれれば子孫は安定して残せただろう．さらに集団で生活していくには狩りをするにも，捕食者から集団を守るにも，また資源をめぐって他集団と争うにも男性には体力や攻撃性が求められたのは間違いない．

　それでも男女が協力するしかないという形で方向付けられて進化したため，一夫一妻に近い形で協力するようになったのは事実である．これによりゼロとしたわけではないものの無駄な争いを減らし，相手の立場を尊重する態度の基本が形成されたといってよいだろう．我々にとって重要なのは，我々の意識として男女の特性を生かした対等な協力があったからこそ，人類は生き長らえることができたと胸に刻むことである．

（4）　集団と反道徳性

　人間にとって集団の存在がいかに重要であるかは上述した通りである．だがその集団は容易に反道徳性にも結びつく．そのメカニズムついて次の2点を挙げる．

a　身内びいき（ネポティズム）と内集団，外集団

　生物にとってはあくまでも自分のコピーを残していくことが第一である．たとえば自分の遺伝子を残すより種の存続を優先するといったことはない[29]．では

何らかの理由で自分のコピーを作れない場合はどうなのだろうか. その場合は
それに準じる形で多少なりとも自分の遺伝子が残るように投資をしていくこと
になる. つまり血縁者を守っていくわけである.

だが人類の場合は数百万年間集団化戦略をとってきたため自分の所属する集
団である内集団のメンバーに対しては心を通わせ積極的に協力していく性質を
身につけている. これが身内びいき（ネポティズム）であり, 今日の我々の社会
でも至って普通の感覚であろう. ただし身内びいきの身内というのは必ずしも
血縁者ばかりではない. 同じ集団のメンバーも含まれる. ここで重要なのは同
じ集団といっても, その根拠は実は大したものではないということだ.

たとえばコインを投げその裏表によってつくられた集団, また実際には無作
為に分類したにもかかわらず, ある架空の芸術家に対する意見を聞いて, それ
にしたがって分類したように見せかけた集団であってもその集団の成員同士の
間ではまるで親友か近親者のように振る舞うようになる（アロンソン 1992）.

これに対して自分が所属する集団以外の外集団に対しては敵意を持ちやすい.
このことを端的に示すのが有名な Sherif らによる「ロバーズ・ケーブ実験」
である. アメリカ, オクラホマ州で行われたこの実験では, 当地の少年 11 名
ずつをお互いが相手を知らない状況で 2 チームを編成して 3 週間のサマーキャ
ンプを行うというものであった. 当初はチーム内で和気あいあいとしていたの
だが, やがて 2 チームが接触するようになるとその関係は次第に険悪なものに
なり, やがては抜き差しならない状態まで悪化していった（Sherif et al. 1961）.

要は大切なのは自分が所属する集団が生き残れるかどうかであり, 普段協力
関係にない他の集団がどうなろうが知ったことではない. つまり心を通わせ協
力行動をとり道徳性を持って接するのは身内である内集団のメンバーに対して
だけなのである. 身内でない外集団に対しては協力行動どころか道徳性のかけ
らも感じられない振る舞いをする[30]. これは人類の歴史を見ての通りである.

文明期以降の歴史はまた戦争の歴史でもある. 他国, 他地域の人間に対して
は戦時において実に残虐極まりないことを繰り返してきた. 身内である内集団
ではなく外集団であると見なせば, もう同じ人間ではないのだ. そのため身内
にはしないような非道なことを平気で行うのである.

人類のうち高度な協力行動をとり道徳性を身につけるという方向性を持って
進化した集団だけが生き残った. そのため協力する能力は生物種の中でもずば
抜けている. だがそれには表裏があり, 裏の面では協力行動や道徳性とは正反

対の実態が存在するのである．その意味では人間の集団に対する認識は2つしかない．「うちら」と「あいつら」である．

b　戦略的協力性

　協力性というのは当然ながら複数人の間で発揮されるものであるから，人類における自然選択は上述したように男女のペアから始まり集団単位で起こることになった．

　ただし集団選択（群淘汰）で協力性を備え持った集団が生き残ったとしても，必ずしもメンバー全員が十全な協力性を身につけているとは限らない．集団内の行動規範に従っていただけであったり，あるいはリーダー的な存在に指示されて不承不承そのような行動をとっていただけであったりしていたかもしれない．それでも厳しい環境の淘汰圧をくぐり抜けて集団として生き残れば，そのような「偽」協力性の遺伝子は確実に後代に伝えられていくのである．

　つまり協力性が行動として発揮されるのであれば，方向性選択の結果としてその集団は淘汰圧に対抗することができるわけであり，集団を構成する一人一人の内面には関係しないのである．仮に全員の内面が利己的なものであっても，何らかの理由で結果として協力行動がなされていれば危機を乗り越え，さらに乗り越えるための方法として継続的にそのことが学習されていれば，理屈の上ではその集団は生き残り続けていくことができる．

　ただし，さすがに個人の内面には存在しない協力性を常に全員が発揮するというのは無理がある．協力性そのものに価値を感じ，喜びを見出す自覚的な心理特性の進化という裏付けがあって，ようやく確固たるものとして定着することになるだろう．これが道徳性であり道徳感情である．そのため集団内にはそれには大きな価値があるものであり大切にされなければならないものである，という共通認識が広がることになる．だが一方で集団選択であり続けたため，個人内の反道徳性も残り続けているのである．

　また協力性というのは端的に言えば役割分担を行うということを可能にする能力であり，分担された役割についていかに実行するかが重要になる．そして役割は具体的で多様性があればあるほど，また規模が大きければ大きいほど，それらを組み合わせれば，より壮大なものとなる．これは人間に限らずどの生物にとってもあてはまる．

　たとえばモフェット（2020）は，アメリカ大陸熱帯地方に生息する対照的な

次のような2種のアリの生態を紹介している．まず一方は巣の中で食料なる菌を栽培することで知られているハキリアリである．ハキリアリのコロニーは巨大でテニスコートほどの大きさになることも珍しくない．彼らは実の多くの役割を分担し，その仕事に専念することによって巨大な生活圏を維持運営している．具体的には捕獲対象となった獲物を足止めさせる，致命的な打撃を与える，解体する，運搬する，さらに巣の中の「畑」で食料を栽培する，その食料を配給するといったものであり，女王を含めそれらの業務に従事する総個体数は数百万匹にも上る．

　これに対し同じ地域で生活を営むアカウントグナトゥス・テレデクトゥスというアリは，対照的に20〜30匹でコロニーを形成している．彼らの顔には「スイス・アーミーナイフ」のように多様な器具のようなものがついており，大まかな分担はあるものの，それをうまく使ってハキリアリが細かく分担していた様々な仕事を基本的に一匹でこなしてしまう．

　この個体の分担能力の違いというのはコロニーを形成する集団の規模に応じたものであり，集団規模が小さい中で1つの役割に個体が特化してしまうと，その個体が欠けた場合に穴埋めができず，その結果集団全体が機能不全に陥ってしまうことになる．そのため1匹で様々な仕事に対応できるように進化したわけである．

　では人類の場合はどうであろうか．[31] 初期人類の集団規模は多くてもせいぜい数十人規模であっただろう．この程度のサイズでは集団を維持していくためには，一人が役割を受け持つ能力というのは，後者のアリと同じく多様性があり柔軟なものが求められるはずである．それができない個体は，自然選択の結果[32] として容赦なく淘汰されることになったであろう．

　このように様々な役割をこなせる能力を持つ個人から成る集団だけが環境の大きな変化に対して適応し，また未知の土地へと積極的に進出することも可能としたのだと思われる．そしてまた，この個人の役割の多様性，柔軟性というのは，集団として反道徳的な面も含めた要素を常に内包させることにもなった．つまり戦略的協力性を実際に発揮するということは，権謀術数的に相手を欺き陥れ傷つけるような役割をメンバーの誰かに担わせることであり，[33] そして集団同士のかけひきの際にはそういった者たちが活躍することになったはずである．

　上述したように，特に急激な気候変動が次から次へと起こるようになったホモ・サピエンスの時代からは，資源の枯渇時の集団同士の協力が強く求められ

るようになった．しかし単純に協力するばかりではなく裏切りも当然のように
見られたであろう．お人よしの集団は抜け目ない集団の文字通り食い物にとな
り滅んでいくしかなかった．もちろん最終的には協力的な集団が生き残ったに
しても「TIT FOR TAT」は，欠かせない戦略となっていったのである．

　このように協力性の進化には，集団同士の段階においては必ずしも純粋なも
のではなく，個人が様々な役割を担うことを可能とする柔軟性の進化が前適応
として後押しする形となり，権謀術数的な戦略的要素が強く入り込むことと
なった．

　こうした集団だけがいわば先鋭化した方向性選択によって生き残ったのであ
る．そのため自分たちが所属する集団のメンバーではない外集団や，それに所
属していると見なされる他者に対しては特に没交渉の場合，協力性は基本的に
は除外され，容易に敵対関係に陥る．この傾向は人口が増大し人々の移動が大
規模になればなるほどエスカレートしていく．そしてやがては，これまでの歴
史が示している通り，社会に壊滅的なダメージを与えていくのである．

4．道徳性教育への視点

（1）　動物に見られる利他行動

　動物の利他行動は本能であり，我々の感覚でいう思いやりや憐憫といった道
徳性はというのは動物には存在しないというのが一般的な見方である．確かに
動物自らがそのことに関して話をするわけではないので，そうした見解も致し
方のないところだが，これまでいくつか挙げた例について客観的に見てみれば，
それらは道徳性の萌芽といって差し支えないものである．したがって道徳授業
においても活用できるのではないだろうか．

　具体的にはそれをメインとして扱うのではなく，導入として用いていくのが
有効かと思われる．たとえば上述したベルベットモンキーの天敵の襲来を告げ
る警戒音を出すが，それは自らが攻撃されるリスクを負うものである．つまり
自己犠牲である．人間に当てはめた場合，リスクがあっても他者のために行動
をとる場面は必要である．しかしかといってそれが自分の命をも犠牲にして全
体のために尽くせ，というのは行き過ぎでありあってはならないことである．
ではどこまでが妥当なのか，という議論は授業の中で必要なものとなるだろう．

（2）　男女の協力

　完全に地上で生活することを余儀なくされた400万年ほど前が人類にとっては最大のピンチであった．人類がそれを乗り越えることができたのは，チンパンジーのような乱婚ではなく一夫一妻に近い形をとりながらの男女の協力であった．

　現在の我々においてもこのことは全ての基本ともいえることである．当然このことを教育に生かす必要がある．重要な視点は男女は異なる能力や性質を持っているが，対等な協力によって，より大きな力となったということである．異なる持ち味を組み合わせたからこそ，1対1が2ではなく，3にも4にもなったのである．どちらも同じことをしていたのでは，決してそのようなことはない．

　したがって男女は対等であるということを前提に，男女の特質を確認し，相互にそれを尊重する態度を養うことが必要である．その上で中学校上級学年から高校までの段階では，男性による凶悪事件の件数が圧倒的に多いことや女性に対するセクハラも含めた性犯罪の実態も示し，その進化的な要因を理解させることもあってよいだろう．

終 わ り に

　以上，人間の協力性，道徳性は地球の主に気候変動による食料資源の枯渇という状況に対する方向性選択の結果としてのものであるということを示した．進化における変異ではある形質がいきなり生まれることはあり得ない．それまで持っていた形質をブリコラージュまた前適応として使い回し，さらに改良を加え結果的にユニークな特性として完成する．したがって人類の場合はもともと持っていた集団的協力性の萌芽が方向性選択によって，男女，集団内，集団同士と，より具体性を帯び先鋭化していったと考えられる．しかし先鋭化の行きついた先は，今日の我々の感覚としては必ずしも道徳的とは言い切れないものとなった．

　結局，人類のように身体サイズが大きな割に非力であり，しかも平原にニッチを見出さざるを得なかった動物というのは，方向性選択によって個人として協力性，道徳性を進化させるだけでなく，集団としては相手を裏切ったり出し抜いたりするような反道徳性をも含む戦略的な協力性を使いこなせるように進

化する以外に，生き残る道はなかったのである．

　その点から考えれば，人間の持つ残虐な面を持つ反道徳性というのは持つべきして持っているのであり，道徳性を涵養したからといってそのことだけで反道徳性を克服したということにはならない．本章に示したように，あくまでもそのことを前提にした対応をとらなければ効果はないのである．

　なお，集団と反道徳性に関する「道徳性教育への視点」については，第3章で取り上げる．

　　註

1）ダーウィンは進化を漸進的なものとして考えていたが，1972年にグールド（Gould, S. J.）とエルドリッジ（Eldredge, N.）が断続平衡説を唱え，今日ではそれが広く受け入れられている．

2）生物の爆発的多様化はエディアカラ紀から始まっていたと考えられるが，柔組織の生物が主だったので化石として残っているものは少ない．一方，その後のカンブリア紀では眼が進化したことによって生物同士の捕食活動がさかんになり，その対抗策として外殻を身にまとうようになった（パーカー 2006）．そのため多くが化石として残り，今日発掘されているわけである．

3）具体的には放射線がDNAに与える影響によって結果的に遺伝子重複が起こった．

4）DNAの配列変化ではなく後天的な要因による遺伝子発現．

5）ただし，アフリカを南北に走る大地溝帯の近隣地帯が人類の進化の中心であったということから，大地溝帯形成時の火山活動に伴う放射性火山灰降下が人類のゲノムの変異に影響が及ぼしたのではないかという考えもある．

6）チスイコウモリはシロチスイコウモリ，ケアシチスイコウモリ，ナミチスイコウモリの3種がいるが，利他的行動が見られる種としてここで取り上げるのはナミチスイコウモリである．

7）初期人類も含めたヒト族をホミニン（hominin）というが，これまで少なくとも我々ホモ・サピエンスを含め15種が特定されている（コイン 2010）．

8）1200万年ほど前に現在のスペインで生息していたピエロラピテクスには，胸部や腰部の骨格には現在の類人猿と同様の特徴が見られることから，樹上である程度の2足歩行はしていたと思われる（Moya-Sola et al. 2004）．

9）たとえばスムーズな2足歩行を支える腰骨のしなりを示す腰椎前彎の角度は，初期人類では，現在のヒトよりも類人猿に近い角度である（ロバーツ 2017）．

10）アウストラロピテクスは少なくとも8種が確認されているが（フランシス 2019），そのうちのアファレンシスでは男女の骨格の大きさの差が見られたことから性的二型が指摘され，現在のゴリラのような一夫多妻だったのではないかと考えられていた．だがそ

の後サンプル数を増加させて精査したところでは，体格差は現代人並み程度であったと報告されている（Reno et al. 2015）．またアルディピテクス・ラミダスにおいても発掘された犬歯を比較すると性的二性は小さかったと報告されている（Suwa et al. 2009）．

11）集団サイズは以下に示す行動を円滑に分担し実行する必要があることこら数十人程度であったと思われる．

12）こうした肉食は既に 340 万年前頃のアウストラロピテクスにおいて始まっていた（McPherron et al. 2010）．

13）人間の平均握力は成人男性 50 kgw であるのに対し，現在のチンパンジーやオランウータンは推定 200 kgw 程度である．また人間の 100 m 走の世界記録は時速 45 km 弱だが，これはカバと同じ程度でゾウやイノシシよりも遅い．

14）ホモ・エレクトスは脳の容量を除けば我々現代人と身体的特徴は変わらない．

15）厳密にいうとアシュ―リアン石器の精緻化が見られるのは，ホモ・エレクトスの後継であるホモ・ハイデルベルゲンシスの時期である．

16）ただし後述するように，一部のホモ・エレクトスはデニソワ人等に分化した後，交雑を繰り返しホモ・サピエンスへと進化してアフリカに戻ったという考えもある（ライク 2018）．

17）ただし数十人規模の集団単独で生活し，全てをこなしていくというのは，ゲノムの多様性から考えると困難であると考えられることから，周辺にいくつかのつながりのある集団が存在し，その中で婚姻をすすめていたのではないかと思われる．ここでの集団同士の協力というのはその集団群同士の協力ということになる．

18）この状況は本来現在も続いている．

19）15 世紀イタリアの政治思想家マキャベリの著書『君主論』に展開されているような他者の心の裏を探り合いながらの駆け引きが人類の知性を進化させたという考え．

20）物理的な認知に関わる「モノ的知性」よりも「マキャベリ的知性」の方がむしろ先行して進化したという説もある（ホワイトゥン&バーン 2004）．

21）ただし前述したようにアフリカ大地溝帯形成時の火山活動に伴う放射性火山灰降下が，人類のゲノムの変異に影響を及ぼしたのであれば，局地的なイベントの結果ということになる．

22）2008 年にロシアの西シベリアのアルタイ山脈にあるデニソワ洞窟で骨の一部が発見されたことからこの名前となった．

23）同様な議論としてドーキンスが展開した「利己的遺伝子」論がある．

24）大学生 60 名を対象にした佐藤（2017）の調査によれば，顔を含めた身体的魅力の高低による好意度の違いは男性の方が大きく，女性よりも男性の方が身体的魅力を重視していた．ただし内面的魅力と比較した場合，必ずしも身体的魅力を重視しているわけではない．

25）したがってチンパンジーは乱婚社会である．このため精子間競争も激しい．人間はチンパンジーものに比べると精子の劣化が激しい（奥村ほか 2009）．

26) 世界全体での正確な統計というものはないが，カナダ全体やのデトロイト，またイングランド及びウェールズとシカゴの統計資料では比較にならないほどの差があり，また男性の中の年齢別統計では 10 代後半から 20 代前半にかけてが鋭いピークを見せている．もっとも女性の件数の中では子殺しが大半を占めており，男性による口論などによる些細なきっかけでの殺人はさらに少なくなる（長谷川寿一・長谷川眞理子 2000）（デイリー＆ウィルソン 1999）．

27) たとえばイスラム文化圏のブルカや中世ヨーロッパで見られた貞操帯などがこれにあたる．

28) 警察庁の調査によると，2020 年のストーカー被害の相談件数は前年比 723 件減の 2 万 189 件だった．減少はしたものの，なお 8 年連続で 2 万件を上回る高水準となっている．ストーカー規制法違反での摘発は同 121 件増の 985 件で過去最高となった．ストーカー事案に関連し，刑法やその他の特別法違反で摘発した事案は 27 件増の 1518 件で，16 年以来 4 年ぶりに上昇に転じた．容疑別では住居侵入（300 件），脅迫（220 件），暴行（165 件），迷惑防止条例違反（119 件），器物損壊（107 件）などの割合が高かった．殺人は 1 件，殺人未遂は 7 件だった．ストーカー事案の被害者は女性が 87.6%，男性が 12.4%．加害者は男性が 80.7%，女性が 12.3%，不明が 7.0%．年齢層をみると，被害者は 10～40 代，加害者は 20～50 代に集中している．加害者被害者と加害者の関係では，交際相手・元交際相手，配偶者・元配偶者が合わせて 5 割弱を占めた．

29) かつてスカンジナビア地方に生息する野ネズミの一種であるレミングは，個体数が増えすぎると集団自殺すると言われていたが，その後の観察によりこれは全くの誤解であることが確認されている．

30) こうした性質は，「偏狭な利他性（parochial altruism）」とも呼ばれている．

31) アリと人類を直接比較するというのは抵抗があるかもしれないが，巨大な「人口」をかかえるという面の比較では，昆虫以外ではなかなか適合する生物がいないのが実際である．

32) 柔軟な役割を担える者が主流となった場合は，安定化選択ということになる．

33) もちろん柔軟性があるからといって，ランダムに誰でもよいというわけではない．それなりの適性に基づいて選んだはずである．

文献

Behar, D. M., Villems, R., Soodyall, H., Blue-Smith, J., Pereira, L., Metspalu, E., Scozzari, R., Makkan, H., Tzur, S., Comas, D., Bertranpetit, J., Quintana-Murci, L., Tyler-Smith, C., Wells, R. S., Rosset, S.（2008）The Dawn of Human Matrilineal Diversity. *The American Journal of Human Genetics*, **82**, 1130-1140.

Berkemer, S. J. & McGlynn, S. E.（2020）A new analysis of archaea-bacteria domain separation: variable phylogenetic distance and the tempo of early evolution, Molecular Biology and Evolution. *Molecular Biology and Evolution*, **37**, 2332-2340.

Beyene, Y., Katoh, S., WoldeGabriel, G., Hart, W. K., Uto, K., Sudo, M., Kondo, M., Hyodo, M., Renne, P. R., Suwa, G., Asfaw, B. (2013) The characteristics and chronology of the earliest Acheulean at Konso, Ethiopia. *Proceedings of the National Academy of Sciences USA* ,**110**, 1584-1591.

Brauna, D. R., Harrisb, W. K., Levinc, N. E., McCoyb, J. T., Herriesd, Andy I. R. Herriesd, A. I. R., Bamforde, M. K., Bishopf, L. C., Richmond, B. G., Kibunjiai, M. (2010) Early hominin diet included diverse terrestrial and aquatic animals 1.95 Ma in East Turkana, Kenya. *Proceedings of the National Academy of Sciences USA.* **107**(22), 10002-10007.

Brooks, A. S, Yellen, J. E. Potts, R., Behrensmeyer, A. K., Deino, A. L., Leslie, D. E., Ambrose, S. H., Ferguson, J. R., d'Errico, F., Zipkin, A. M., Whittaker, S. & Jeffrey Post, J. (2018) Elizabeth G. Veatch,14 Kimberly Foecke, 1 Jennifer B. Clark2Long-distance stone transport and pigment use in the earliest Middle Stone Age. *Science*, 360(6384), 90-94.

Burkart, J. M., Fehr, E., Efferson, C., van Schaik, C. P. (2007) Other-regarding preferences in a non-human primate, the common marmoset. *Proceedings of the National Academy of Sciences USA*, **104**, 19762-19766.

Cheney, D. L. & Seyfarth, R. M. (1985) Social and non-social knowledge in vervet monkeys. *Philosophical Transactions of the Royal Society of London*, **B308**, 187-201.

de Waal, F. (2009) *Primates and Philosophers*. Princeton University Press, p. 6.

Hamilton, W. D. (1964) The genetical evolution of social behaviour I and II. *Journal of Theoretical Biology*, **7**, 1-16 and 17-52.

Hublin, J. J., Ben-Ncer, A., Bailey, S. E., Freidline, S. E., Neubauer, S., Skinner, M. M., Bergmann, I., Cabec, A. L., Benazzi, S. B., Harvati, K. & Gunz, P. (2017) New fossils from Jebel Irhoud, Morocco and the pan-African origin of Homo sapiens. *Nature*, **546** (7657), 289-292.

Köhler, M. & Moyà-Solà, S. (1997) "Ape-like or hominid-like? The positional behavior of Oreopithecus bambolii reconsidered". *Proceedings of the National Academy of Sciences USA*, **94**(21): 11747-11750.

Maggioncalda, A. N. & Sapolsky, R. M. (2002) Disturbing Behaviors of the Orangutan. *Scientific American*, **286**(6), 60-65.

McPherron, S. P., Alemseged, Z., Marean, C. W., Wynn, J. G., Reed, D., Geraads, D., Bobe, R., Béarat, H. A. (2010) Evidence for stone-tool-assisted consumption of animal tissues before 3.39 million years ago at Dikika, Ethiopia. *Nature*, **466**, 857-860.

Moya-Sola, S.; Köhler, M.; Alba, D. M.; Casanovas-Vilar, I.; Galindo, J. (2004) Pierolapithecus catalaunicus, a New Middle Miocene Great Ape from Spain. *Science.* **306**(5700): 1339-1344.

Rampino, M. R. & Ambrose, S. H. (2000) Volcanic winter in the Garden of Eden: The Toba supereruption and the late Pleistocene human population crash. *Special Paper of the Geological Society of America*, **345**, 71-82.

Reno, P. C. & Lovejoy, C. O. (2015) From Lucy to Kadanuumuu: balanced analyses of Australopithecus afarensis assemblages confirm only moderate skeletal dimorphism. *PeerJ*, **3**, e925.

Sherif, M., et al. (1961) *The Robbers Cave Experiment: Intergroup Conflict and Cooperation*. Wesleyan University Press.

Smith, T. M. (2018) *The tales teeth tell*. The MIT Press, p. 112.

Sockol, M. D., David A. Raichlen, D. A., Pontzer, H. (2007) Chimpanzee Locomotor Energetics and the Origin of Human Bipedalism. *Proceedings of the National Academy of Sciences USA*, **104**(30), 12265-12269.

Suwa, G., Kono, R. T., Simpson, S. W., Asfaw, B., Lovejoy, C. O. and White, T. D. (2009) Paleobiological implications of the Ardipithecus ramidus dentition. *Science*, **69**, 94-99.

Trivers, R. L. (1971) The evolution of reciprocal altruism. *Quarterly Review of Biology*, **46**, 35-57.

Yamamoto, S., & Tanaka, M. (2009) How did altruistic cooperation evolve in humans? Perspectives from experiments on chimpanzees (Pan troglodytes). *Interaction Studies*, **10**, 150-182.

Wechkin, S., Masserman, J. H., Terris, W. (1964) Shock to a conspecific as an aversive stimulus. *Psychonomic Science*, **1**, 47-48.

Zachos, J., Pagani, M., Sloan, L., Thomas, E., Billups, K. (2001) Trends, rhythms, and aberrations in global climate 65 Ma to present. *Science*, **292**, 686-693.

アクセルロッド, R. M., 松田裕之訳 (1987)『つきあい方の科学』HBJ 出版局.

アロンソン, E., 古畑和孝監訳 (1992)『ザ・ソーシャル・アニマル』サイエンス社, pp. 136-137.

ウイルキンソン, G. S., 川道武男訳 (2007)「血液を分け合うチスイコウモリ」『社会性と知能の進化:別冊日経サイエンス』**155**, 66-73.

奥村康一・水野重理・高間大介 (2009)『だから, 男と女はすれ違う』ダイヤモンド社, p. 203.

コイン, J. C., 塩原通緒訳 (2010)『進化のなぜを解明する』日経 BP 社, p. 341.

佐藤舞 (2017)「身体的魅力と内面的魅力が好意度に及ぼす影響の性差」『学術研究 (人文科学・社会科学編)』**65**, 111-120.

ドゥ ヴァール, 柴田裕之訳 (2014)『道徳性の起源』紀伊國屋書店, p. 47.

ドゥ ヴァール, F., 西田利貞・藤井留美訳 (1998)『利己的なサル 他人を思いやるサル』草思社, p. 261.

二村徳宏・戎崎俊一・丸山茂徳 (2018)「星雲遭遇による白亜紀末の大寒冷化と大量絶滅」『天文月報』8 月号.

パーカー，A.，渡辺政隆・今西康子訳（2006）『眼の誕生』草思社.

ハイト，J.，高橋洋訳（2014）『社会はなぜ左と右に分かれるのか』紀伊国屋書店，pp. 309f.

バス，D.，荒木文枝訳（2007）『殺してやる』柏書房，p. 121.

フェイガン，B.，藤原多伽夫訳（2011）『氷河時代』悠書館.

フランシス，R. C.，西尾香苗訳（2019）『家畜化という進化』白揚社，p. 341.

ボーム，C.，斉藤隆央訳（2014）『モラルの起源』白揚社，p. 392.

ホワイトゥン，A. & バーン，R. W.，藤田和生・山下博志・友永雅己訳（2004）「マキャベリ的知性仮説：編集ノート」『マキャベリ的知性と心の理論の進化論』ナカニシヤ出版，pp. 1-10.

松井豊・山本真理子（1985）「異性交際の対象選択に及ぼす外見的印象と自己評価の影響」『社会心理学研究』1(1), 9-14.

モフェット，M. W.，小野木明恵訳（2020）『人はなぜ憎しみあうのか』早川書房，pp. 87-98.

森幸也（2019）「流行に左右される要因論：スノーボール・アースとカンブリア爆発の要因論をめぐって」『山梨学院生涯学習センター紀要』23, 13-26.

安成哲三（2013）「ヒマラヤの上昇と人類の進化」再考——第三紀末から第四紀におけるテクトニクス・気候生態系・人類進化をめぐって——」『ヒマラヤ学誌』14, 19-38.

山際寿一（2007）『暴力はどこからきたか』NHK 出版，p. 174.

ライク，D.，日向やよい訳（2018）『交雑する人類』NHK 出版，pp. 220-222.

ランガム，R. & ピーターソン，D.，山下篤子訳（1998）『男の凶暴性はどこからきたか』三田出版会，p. 211.

リーバーマン，D. E.，塩原通緒訳（2015）『人体六〇〇万年史（上）』早川書房，pp. 133f.

ロバーツ，A.，斉藤隆央訳（2017）『生命進化の偉大なる奇跡』学研プラス，p. 187.

第2章
人間の行動は自動的である

は じ め に

　自分の行動は自分で考え判断した結果のものである．世の人々は誰もがそう確信しているだろう．全くもって当たり前のことである．ところが実はそうでもないのである．人間の行動というのは当人が思っている以上に非意識的な自動性（automaticity）による部分が大きい，ということが近年の社会心理学や脳神経科学，また進化生物学といった知見から明らかになってきている．これには当然道徳的あるいは反道徳的な人間の行動も含まれる．従来の道徳教育は，道徳的な心情を理解させることにより，意識的に道徳的行動を導こうとしてきたといえる．しかし人間の意識的な行動があてにならないのであれば，この図式は崩れることになる．

　本章では，まず従来からの一般的な意識的なアプローチではなく，人間行動の自動性を応用するという非意識的なアプローチによって反道徳的行動を統制[1]し，道徳的な行動を促していく原理を示す．その上で道徳性教育において非意識的な行動を生む主な要素である知識や習慣を活用した手法の有効性を明らかにする．

1．人間行動の自動性

　人間の行動には自動性の割合が高い，といってもにわかには納得できないだろう．現に今こうしてこの本を読んでいる自分の行動というのは，自分で読もうという意思の結果である．確かにこれは間違いない．知らないうちに気付いたら読んでいた，ということは通常ないだろう．

　だが，たとえば図書館でこれを読んでいるときに，たまたま前にいる人が頬杖をついたとしよう．そしていつのまにか気付いたときには自分も同じように頬杖ついていた，ということはないだろうか．いや，よくあることなのである．

もちろん意識してのことではない．その他日常の生活の中で様々な場面で，意識せずにある行動をとっているということは山ほどあるのである．そのメカニズムについて見てみたい．

（1）　人間の意識と行動
a　意識の定義

人間行動の自動性について考察していく上では，まずはその前提となる人間の意識についての定義を確認する必要があるだろう．

苧阪（1996）によれば意識は，覚醒，アウェアネスとリカーシブな意識の三階層に分かれるとしている．覚醒は生物的な意識ということで，つまりは「起きている」という自覚である．アウェネスとは知覚的，運動的な中間意識ということで，何らかの情報や刺激を認知し，それを基に行動をコントロールしたり言語的に解釈，説明できることである．リカーシブな意識とは，再帰的情報処理を行うことによって言語能力を使いながら自己モニタとしての心の働きがあらわれるものである．

つまり人間の意識的な行動とは，覚醒している時に，ある目標を持って具体的な行動を意図し，結果として身体を駆動させ，その動きや動きに伴う周囲の環境の変化をモニターしながら，意図通りに目標を達成するということになる．このことからすると人間の行動というのは，そうしようと思うから行動するということであり，極めて一般的な常識ということになる．

b　人間行動に見られる自動性

意識が行動をコントロールするというのは，我々の感覚からすれば至って当たり前だが，この常識は社会心理学や認知心理学，脳科学の研究の進展によって大きく揺らいでいる．たとえば，どのような行動であれ脳波を測定してみると行動を開始する 800 ミリ秒ほど前，意識を持つ 200 ミリ秒ほど前から脳内に電位が生じることが明らかになっている（リベット 2005）．つまり脳内では行動しようという意識より先に準備が開始されているのである．

また Wegner（2003）は思考から行為につながる経路は見せかけであり，実際の因果経路は意識に上がる前のプロセスで意識化されず，行動に関する情報がタイミングよく意識化されるので，人間は自分の意思で行動を起こしているように錯覚している，という「見せかけの心的因果（apparent mental causation）

理論」を主張している．実際，競技なり演奏なり，何かしら人前で注目を集める行為をするときに，意識してしまうと失敗したり，上がってしまってうまくいかないという経験は誰にでもあるだろう．国を代表するアスリートも競技中には意識せずに競技そのものに集中する，といったコメントはよく耳にする．つまり意識はなくとも体は動くし，むしろ邪魔だということにもなる．もちろん競技中に気を失っているというわけではないが，先に示したような意識は明らかに持っていない．

　我々の日常の体験でも自動車を運転している時は，そのことを意識せずに行っているのが普通であろう．さらに会話にしてもあらたまった場でなければ，意識せず言葉が出てくるものである．だからこそ，中央や地方の政府関係者といった要職にある者からも失言が度々出てくるのであろう．

　つまり，誰もが意識を集中させて普段のルーティン的な生活を送っているわけではない．リカーシブな意識をもって行動しているつもりでも，実は非意識的に行動しているのが実際なのである[2]．

（2）　人間行動の自動性研究

　人間が非意識的に行動しているといっても，通常は誰でも滞りなく社会生活を送っている．つまり社会生活に適合した自動性によって行動しているということになる．この人間行動の自動性に関しては，これまで各方面で研究されてきた．主な研究内容を次に挙げる．

a　社会心理学分野における研究

　人間行動の自動性研究については，まず認知心理学分野において，人間の情報処理が制御された過程（controlled process）と自動化された過程（automatic process）に2分されるという主張（Shiffrin & Schneider 1977）によって，ある条件下では人間の行動が自動的な情報処理の過程の影響下にあることが確かめられたことに始まる．

　一方，社会心理学分野においては1980年代の「認知革命」の影響を受けて，対人的な記憶や自己についての知識を関心の中心に据えた社会的認知研究が登場し，その後90年代には対人的領域での心の働きの中心をなしている感情についての研究が進展した．

　そしてさらに近年では進化心理学の進展によって人間の欲求が進化の視点か

ら整合的にとらえられ，人間の社会生活や人間関係の方向性を説明するアプローチもさかんに導入されるようになっている（北村・大坪 2012）．こうした流れの中で現在では人間行動の自動性研究は，社会心理学においてもっとも活発に進展している．以下，社会心理学分野における主な研究内容を挙げてみたい．

　Bargh（1994）は，人間の自動性について次のように定義している．それによると無自覚性・無意図性・過程の効率性・統御不能性の 4 つの基準を設定し，そのうち 1 つでも満たしていれば，その過程は自動性とみなすとしている．

　無自覚性・無意図性とは特に意図せず，自覚もせず行動を起こすことであり，このことはごく普通の日常の光景といえるだろう．過程の効率性とは，非意識的で自動的な行動の方がよほど意識的なものより効率的であるということで，先のアスリートの場合のようにいちいち意識して行動していたのでは競技にならない．また日常生活の中でもたとえば自動車の運転では慣れてくれば運転の手順や操作は意識せずに行っているものである．統御不能性とは，自分の意思では自分の行動を統御できないことであり，実際何か行動を始め夢中になってくると意識的にそれをやめようと思ってもやめられないことは誰でも思い当たることである．このようにあらためて見てみると，自動性は日常の行動のかなりの部分を占めているといえるだろう．

　またダイクステルハウスら（2009）によれば人間の行動の自動性については，3 つのルートがあるという．模倣ルート，特性ルート，そして目標ルートである．

　第一の模倣ルートは，他者を無意識に模倣するということである．霊長類，類人猿，人類には脳内前頭皮質に他者の行動を見て活性化するミラーニューロンと呼ばれる部位があるが，人類の場合はそれが特に発達しているため，他者がとったある行動を再現することに優れている．またこうした能力以外の面でもたとえば，集団における行動においても他者の行動を模倣する傾向が指摘されている．つまり人間は他者がやっていれば意識せずに自分も同じことをするのである．

　第二の特性ルートは，プライミングによってそのプライム（先行刺激）のステレオタイプの特性が活性化され，それに基づいた行動をとることである．行動の基盤となるのはそのプライムについての知識やイメージである．プライムはあくまでもきっかけであり，それによって活性化される知識によって行動は決定されることになる．[3)]

　そして第三の目標ルートは，目標が宣言的で明確な場合と習慣的な場合とがある．目標が明確な場合とは，たとえば仕事中における具体的な行動や作業のことであり，これらはその仕事を遂行するための行動である．このケースではさらに意識的な判断の下に意図的に目標が設定されていく状態とそうでない状態とがある．このうち後者の意図的でない状態では，プライムによって非意識的，自動的に目標が生起し，それに沿った行動がとられるようになる（北村・大坪 2012）．習慣的な場合とは，たとえば朝目覚めて自然と玄関に向かうのは，1日のはじめに新聞をまず読むことが日課になっているということになる．

　ハイト（2011）は，自動的なプロセスと意識的な（制御された）プロセスとの関係を象と像使いに譬えて考察している．自分の意識などというのは大きな象の背中に乗った象使いのようなもので，いくら意識が手綱を握って命令しようと思ったところで，その指示が通るのは象が自分自身の欲望を持たない時だけであり，象が本当に何かしたいと思ったらかなうものではない，というメタファーを用いて人間の行動を説明している．そして有能な象使いというのは，象の意思に直接さからうことなく象の注意をそらしてなだめる方法を知っているとした．

　スタノヴィッチ（2008）は人間の意識ではコントロールできない自律的システムセットを TASS（The Autonomous Set of Systems）と呼び，人間の行動はTASS と意識的なシステムである分析的システムとの二重過程によって決まるとした．彼はたとえば運転中にカッとして乱暴で危険な行為に走る事件や事故（ロード・レイジ）の例を挙げ，分析システムで判断すればよくない行動と分かっているにもかかわらず，実際には TASS によって不埒な行動をとってしまうメカニズムを説明している．このことは日本でもいわゆる「煽り運転」として，しばしば報道されている通りである．

　これらを総合してみると，システム１とシステム２とも言われているように，人間の行動には明らかに意識的な面と非意識的な面とがあり，しかも非意識的な面は自覚的な自己意識である意思によってコントロールされるものではないということが分かる．

　本章では Bargh の定義とダイクステルハウスらの自動性の３つのルートを基本的な枠組みとして道徳性教育の考察を進めていく．

b　脳神経科学分野における研究

　脳神経科学の分野では，脳の部位の一部に損傷を受けた患者の臨床例から，人間の意識が必ずしも合理的なものではなく，本人の意思の統制を受けているともいえない事実が指摘されている.

　古典的なものではガザニガ（1987）の研究がある．ガザニガは人間の大脳の右半球と左半球の独立性と左半球における自らの行動の言語的な解釈機能を示す次のような実験を行った．ガザニガは当時のてんかん治療によって左右半球を結ぶ神経線維の束である脳梁を切断された患者の顔の中央に仕切りを置き，右の視野つまり脳の左半球にニワトリの足先を，左の視野つまり右半球に雪景色を見せた.

　その後患者の前に多くの絵を並べ，好きなものを選ぶように指示すると，患者は左手でシャベルを右手でニワトリの絵を選んだ．選んだ理由を聞いてみると患者は「ニワトリのつめはニワトリのものだし，ニワトリ小屋を掃除するためにはシャベルが必要だから」と答えた.

　左右を結ぶ脳梁を切断された左右の脳は互いに情報を交換できず，それぞれが見たものを知らない．言語機能を司る左脳は左手を観察し，シャベルを選んだ理由を考えなければならなかった．つまり自分の行動を解釈し，つじつまを合わせたのである.

　このことがさらに明確にあらわれるのが，半側空間無視という症状である．ラマチャンドラン（1999）は次のような例を挙げている．これは右半球を損傷したときに左側の注意と空間認識を無視するのが一般的である．たとえば食事であれば皿の右側の部分しか食べず，男性であれば右側しかひげを剃らず，女性であれば右側しか化粧をしない．これらの状態を本人は全く異常と感じていない．この半側空間無視における疾病失認の状態は，さらに左半身が麻痺し，左手や左足が動かせないような重篤な病状になってもそれを認めようとはしない．医師が動かない左手を患者の目の前に持ち上げると，患者は「それは私の手ではない」と答えるのである.

　関連した症状にアントン症候群がある．この患者は完全に失明しているにもかかわらず，ちゃんと目が見えていると主張し，まるで目が見えているかのように振る舞う．そうしてたとえば家具にぶつかると家具が動かされたとか，部屋の明かりが暗いなどと言い張る（サックス 2018）．この症状も半側空間無視同様脳の右半球に損傷がある場合に発症する．大脳右半球の頭頂葉縁上回は自己

を認識する能力を司っており，この部位を損傷するとこうした身体失認や疾病失認が見られる（イアコボーニ 2011：184-187）．

　またダマシオ（2000）は自身が担当したある男性患者の次のような意識障害の例を示している．「診察室でその患者と話していると，患者は突然黙りこくり数秒間ピクリともせず，名前を呼んでも何の返事もなかった．そうこうしているうちに彼はテーブルの上の花瓶を触ったあと立ち上がり，ドアに向かって歩き出す．医師は困惑して再度名前を呼ぶと彼は立ち止まり，「なんだい？」と答えた」．

　この患者は脳の機能障害によって引き起こされるてんかんの1つのあらわれ方である「欠神発作」を起こし，その後「欠神自動症」を起こした．この場合は発作が起こって昏倒するわけではないが，ダマシオがいうところの「いま，ここ」を意識する「中核意識」を失い，もぬけの殻のような状態になっていた．だが，それでもその後整合性のある動きをとることができたのは行動の自動性によるものである．つまり，一種の昏睡状態でも一続きの行動はすでに脳内に蓄積された知識によって自動的に表出されるのである．

　さらに自らの意思で行動の自動性が統制できない端的なものは依存症であろう．人間とって，たとえばジョギングや音楽鑑賞といった行動をとることによって快の感情を自覚し，その行動を繰り返していくということはごく普通である．だがそれを過度に求め異常な行動に走るようなれば大きな問題となる．この快感情は脳内の報酬系回路と呼ばれる中脳辺縁系を中心とするドーパミン神経系が興奮することによってもたらされる．

　報酬系回路の行動への影響は非常に大きく，ラットの脳内報酬系に電極を埋め込んだ実験は大変有名だが，人間についても同様の報告がある（Portenoy et al. 1986）[5]．Portenoyらによれば，もともとは慢性疼痛症候群を患っていた患者の治療として脳内に電極を埋め込んだところ，意図せず報酬系を刺激することになってしまった．患者は自らを統制できず，時にその刺激を止めることを申し出ながらも，結局は快感覚を求めてひたすら電気刺激を求める機会操作を依頼したり自ら行ったりした．

　またこれと同様の状態は過度なギャンブルや倒錯的な行動の継続，さらにはアルコールやニコチン，麻薬といった刺激物や薬物の使用によってももたらされる．こうした場合，報酬系回路はいわば乗っ取られた状態になり，自らの意思ではコントロールできなくなってしまう．そして依存症に陥った状態では，

脳内の報酬系回路内のニューロンやシナプスの電気的，形態的，生化学的機能の長期変化が見られる，つまり神経機能が変化してしまっていることが明らかになっている（リンデン 2012）．統御不能性の典型ということになるだろう．

　以上のような臨床例を見てみると，人間の行動はもちろん意識そのものでさえ，自らの自覚的な意思が統制しているとは言い難い現実が浮かび上がってくる．それでも周囲の状況に適応し何とか社会的な活動が可能になるよう仕向けているのは，脳の機能としての自動性なのである．

c　進化生物学における研究

　進化生物学では，遺伝子の突然変異によってその変異した個体がその時点での環境により適していれば適応度が上がって繁殖し，適していなければ適応度が下がって滅びてしまうことから，子孫を残し続けてきた生物種は，その都度の環境の変化に対して高い適応度を持ち続けてきた結果であるとする．

　そのことからすると，現在の人類の様々な性質も数百万年にわたる人類の進化，ひいては生物としてのさらに気の遠くなるような進化の長大な期間におけるその都度の環境に適応してきた結果として身についたものである，ということができる．人間行動の自動性も同様であり，人間の限られた認知的，心理的な資源を効率的に使うための進化的適応の結果なのである．

　人間行動の自動性につながる適応の結果としての性質が端的に示されるのは，視覚的な認知特性であろう．人間は環境の中の情報を全てそのまま認知できるわけではない．自動的に一定の解釈をしていくのである．たとえばクレーター錯視と呼ばれる**図 2-1** を見ると上のものは出っ張っており，下はくぼんでいるように見える．だが，これを上下反転してみて見れば全く逆になってしまう．

　長い生物の進化の間，常に太陽は上から照り続け決して下から照ることはなかった．そのため下に影がついていればこの構造は出っ張りであり，その逆であればくぼみである，というように脳が自動的に認知するようになったのである．

　この自然環境上の認知の適応は 1 日の中でも朝夕と昼間とでは同じ物体からの光の波長は実際には異なっているため，見かけ上は違う色に見えるはずであるにもかかわらず，木の葉であれば緑，このようなペーパーであれば白と感じる色の恒常性にもあらわれてい

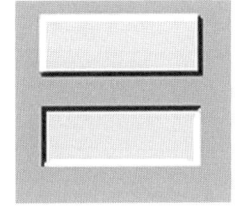

図 2-1　クレーター錯視

図2-2 斜塔錯視

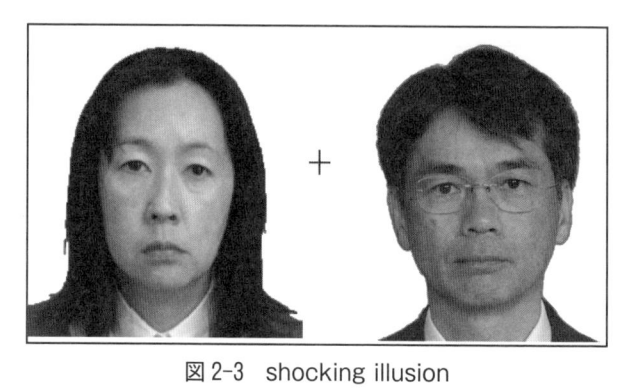

図2-3 shocking illusion

る.

　また斜塔錯視と呼ばれる**図2-2**はビルを下からとらえた写真であり，ABは同一のものである．だが，左のAは右のBよりもより左側にずれているように見える[6]．これは，高いタワー状のものを下から見上げると上にいくにしたがって両者の間隔が狭まっていくように見えるものだ，ということが脳の認知機能に組み込まれているためである．

　さらには**図2-3**は shocking illusion とも呼ばれる錯視である．これだけではただ2人の人物が写っているだけの写真だが，これと同じ配置の写真を何枚か用意し，視線は中央の＋に合わせ固定した状態で，それらを連続して切り替えていくと，次第にそれらの顔は異様なものに見えてくる（Tangen et al. 2011）．これについて明確な理由は指摘されてはいないが，次のように考えられるだろう．

　人間の視野は，実際に細部まで正確に見ることができるのはわずか2度の中

心視の範囲にすぎない（森島ほか 2013）．また脳内には人間の顔を認知するモジュールがあり人物よって微妙な顔の違いや，表情の変化を読み取ることができる．だが考えてみれば人の顔のつくりの違いなどというものは極めてわずかなものであり，その違いを正確に認識するのは難しいはずである．そのため限られた認知能力を処理できるように個々の顔の特徴をデフォルメして認識し，自覚的に知覚される顔の像としては見た目のままとしているのではないだろうか．

　これらの例は人間の視覚はカメラのようにそのままの姿を映像として取り込んでいるわけではなく，人間にとって都合が良いように独自のモデルを作り，外部からの刺激を自動的に解釈し直していることを示している．

　人間は以上のような視覚的認知特性の下で問題なく行動をしている．こうした視覚認知の特性，つまりは自動的に一定の状態に認知してしまう特性というのは，そうした方が情報処理を行う上で脳内のニューロン細胞の活動を節約できるからである．

　人間の脳には 1000 億程度のニューロン細胞が存在し，それらから伸びる軸索が相互に結びつきあい天文学的なネットワークが組み立てられている．だが，それをもってしても我々を取り巻く環境の全ての情報を把握するのは不可能である．

　たとえば眼の網膜から入った視覚情報は視床を経由して後頭部にある一次視覚野（V1）に到達する．普通に考えるのならこの経路は多くのニューロン細胞を備えているはずである．だが実際にはその数は少なく，それどころか V1 から視床へと逆方向に投射する信号の方が 10 倍多い．さらに V1 に入ってくる神経回路の結合の 90% は脳内皮質の別の部位に存在するニューロン細胞から予測である（チャーチランド 1997）．つまり我々が見ている世界というのは，実際のものというよりも脳内で既知の情報を基として予測し，それらしいものを自らがつくっているのである．

　これらは認知的な内容だが，同様な理由で直接行動に結びつく自動的な特性も当然存在する．たとえば秋の林道を心地よく歩いているときに，突然目の前の落ち葉に埋もれていた一角が「ガサガサ！」と動き，その中から何やら得体のしれないものがのぞいたら，通常多くの人は驚いて飛び退くであろう[7]．

　飛び退く一瞬前にその正体が大きなガマガエルであると認識でき，危険性はないと判断できてもである．誰にとっても飛び退くことの方が行動としては優

先される．ガマガエルのような生物でなく同じ林道で長めのロープの断片がただ転がっているだけでも，それが予期せず目の前に現れれば，多くは同様の行動をとるだろう．これは，ヘビをはじめとする林に潜む危険な動物に対する，もっとも安全な行動を自動的におこす人間の性質の結果である．

人間が外界の情報を認知するルートには，視床から直接恐怖を中心にした感情や情動をつかさどる扁桃体へ行く低位経路と視床から大脳皮質を経由して扁桃体へ達する高位経路との2つがある（ルドゥー 2003）．低位経路は皮質を経由しないために細かい解析ができず大まかな表現でしか扁桃体に伝えることしかできない．したがってこの経路での処理は早いが粗雑である．正確な認識は時間のかかる高位ルートによることになる．そのため「何だカエルか」あるいは「ただのロープだったのか」と，心では納得してもしばらくは驚き慌てる心的状態は持続し，心臓の鼓動は速くなったままである．低位ルートによって自動的な退避態勢がとられたからである．

このように進化生物学の観点を中心に考えると人間の認知及び行動は，非常に複雑で膨大な情報量になる環境の中の刺激を都合のよいように精選，簡略化して自動的に認知し，危険の可能性がある状況に遭遇した場合は思考や分析などは後回しにしてまずは退避行動をとらせるように自動化されているのである[8]．ここでは行動の自動性を退避行動に絞ったが，同様に他の様々な場面でも自動性は見られる[9]．総合するとこれらの状態というのは，結果的に Bargh の自動性の定義に全てにあてはまるといえる．

（3） 自動性理論応用への批判とその吟味

道徳性を育成するのに人間行動の自動性理論を応用するということには，批判の声が上がるかもしれない．道徳的な行動は人間の独立した自由な意思のもとに行われるものであり，また行われるべきものである，というものである．そのこと自体は妥当であり，重要なことである．だが，問題はその主張の前提である「人間の行動は当人の自由意思に基づいている」そのものがぐらついてきているということである．

実はこの「自由意思（free will）」をめぐっては，社会心理学分野の内部においても活発な論戦が展開されている．その代表的なものが，自由意思の存在を肯定する Baumeister と，自動性研究の第一人者でそれを懐疑的に見る先にも引用した Bargh によるものである．ある討論会において両者はそれぞれ次の

ように主張した[10].

　Baumeister は自由意思というのは多くの人々が自らの行動に関与していると信じているものであり，人間が文化を創造し他者と円滑な社会生活を営むために不可欠なものであるとしている．これに対し Bargh は自由意思を信じるメリットはあるとしても，そのことと自由意思が実際に存在するかということとは無関係であり，さらに数々の高次の心的過程が実際には当事者の意識的関与なしに作動する自動的過程であることを示しながら，自由意思への信念というのは自尊感情を維持する進化的な戦略として利用されているに過ぎないと主張した．この討論では，両者のこの異なる主張が決着すべきものとして行われたわけではないので，結果的にはいわば物別れ状態で終わった．

　人間行動の自動性理論を道徳性教育に応用するというアイデアは，言うまでもなく自由意思を否定する Bargh の主張に基づくものである．しかし，一方で Baumeister が主張するように自由意思が人間の文化を創造，発展させてきたのも事実であろう．ただし，その自由意思とは Bargh が述べているように，進化の結果としての人間の戦略と見るのが妥当である．

　自由意思を持つというのは自身の主体性をより強く自覚することであり，そのことによって長い進化の歴史の中で身体能力に劣る人類が直面せざるを得なかった新奇な環境において，それまでに身につけたルーティンにこだわらない柔軟な対応をとることができたといえる．

　現在生息している全ての生物は，長い期間幾多の環境の変化に適応してきたものであり，それができなかった数多くの種は滅び去った．そして全ての生物は現在の環境に適応する様々な戦略を持っているのである．人間だけが一人こうした因果性から屹立し，全くの白紙の状態から物事を考え，環境に適応した行動をとることができたということはあり得ないだろう．したがって重要なのは，人間のありのままの姿に即した原理に基づいて考察を進めるということなのである．

　ただし，本書の立場としては原理としては自由意思を否定するものの，実際の教育活動や教育効果としての自由意思は大いに尊重する．その自覚を持たせることがねらいといってもよいだろう．たとえば一時の衝動で人を傷つけようとするほどに激昂した場合を考えてみよう．その時に，その状態というのは長時間続くものではないので，まずは行動を起こさずに少し様子を見るのがよい，という知識を持っていたとすれば，その知識の通りに実行すれば暴力沙汰とい

う反道徳的な行動を抑えることができるだろう.

　その時の本人にとっての状態というのは知識によって行動を抑えることができた，というよりも自らが自身を抑えたという自覚状態になるはずだ. このように自覚させることが非常に重要なのであり，「手柄」は自分のものとさせるのである. したがって教育活動の上では自由意思を否定するものではなく，むしろ宣揚することになるわけである.

（4）　行動と感情，情動，知識

　人間の多くの行動が Bargh の定義とダイクステルハウスの３つのルートの自動性にあてはまるものとすると，その過程において本人はどのような自覚を持っているのであろうか. いくら非意識的といっても決して意識を失っているわけではない. 覚醒した自覚できる状態であるはずである.

　ではどのような自覚状態であるかというと，それは感情状態，あるいは情動状態ということになる. つまり，一定の気分を感じている状態かあるいは感情が高ぶっている情動が露出した状態か，である. この感情や情動が人間の行動にとっては大きな役割を担っている. そして感情や情動の発現によって，どのような行動をとるかということについての重要な要素の１つは，やはり知識なのである. 以下，感情，情動の行動への役割と知識との関係を見てみたい.

　まず感情，情動の役割について，脳神経科学からの視点として次のように説明されている. ルドゥー（2003）は，動物は直面した異なる諸問題を解決するように進化したのであり，感情，情動も同様であるとしている. また茂木（2004）は環境における不確定性をうまく乗り越え，適切な判断をして妥当な行動をとらせる重要な要素が，感情，情動であると述べている. さらにバレット（2019）は次のように指摘している. 身体のエネルギー資源は限られており，脳が司るその消費配分（身体予算領域（body-budgeting regions））は慎重に行わないと生存に関わることになる. また脳は頭痛や腹痛といった内受容感覚を含めた身体に由来する感覚刺激を意味あるものとして解釈もしなければならず，それらの道具として予測を用いている. その予測に基づいた主要な自覚的な感覚が情動である.

　一方，進化生物学的な視点では，エヴァンズ（2001）は，喜びと悲痛について「ほぼ間違いなく，私たちがある一連の行為を成し遂げたり，逆に避けたりするのを動機づけるものとして進化してきたと考えられる」と述べ，フランク

(1995) は「「物質的」誘引は，動機づけにおいて直接的な役割を演じていない．行動を直接に引き起こすのは，複雑な心理的報酬のメカニズム」であるとしている．

　様々な認知場面において人間を含めた生物の行動は大別すれば二つである．つまり，接近か忌避かである．安全で自らの利得を増大させるものであれば接近し，危険で利得を減少させるものには忌避する．そしてそのシグナルとなるものとして発達したのが快と不快の感覚である．快と不快を判別し，対象に対して快は接近を，不快は忌避行動をとらせることになる．これが感情，情動の淵源であり，これらが人間行動の直接の自覚的な要因となっている．

　だが感情は，「感情的」という言葉が端的に示しているように一般的に理性に対して，反道徳的で不合理なものと受け止められている．一方，進化生物学の立場では，感情は結果的に合理的な行動へと導く「問題解決装置」（フランク 1995）であり，「私たちがある一連の行為を成し遂げたり，逆に避けたりするのを動機づけるものとして進化してきたと考えられる」（エヴァンズ 2001）．

　具体的なものとして主要な感情である「怒り」を取り上げてみよう．「怒り」は自分の利得が納得できない形で消失したり減じたりした場合に，その相手に向けることによって利得を確保しようとするものである．基本はその通りであるものの，かといってそう単純なものでもない．

　人類は長い進化の過程で，その都度の厳しい環境に対して集団化という戦略で適応してきた．集団の中では当然個人間の争いも常にあったはずである．だが，そうした個人間での利益をめぐる争いを解決する場合，常に腕力だけがものをいうようでは身が持たない．

　そこで，「不利益を被りそうになったら報復するぞ」という姿勢を見せることになる．つまり「怒り」を前面に出すのである．そうすれば一方的に搾取される危険性は避けられる可能性が出てくるからである．ただし，報復するぞという姿勢を見せたからには，必ずそれを実行する構えを持たなければならない．実行などできはしないだろうと足もとを見られてしまうと，結局は搾取されてしまうからである．

　このように自分の行為を進んで何かの事柄に結びつけることを，フランクはコミットメント問題と呼んだ．

　この場合では腕力が劣るものが勝るものに立ち向かったところでけがをしたり，最悪生命さえも落とすことになるかもしれず，利益を得ることはかなり難

しい．したがって合理的に考えるならば報復するぞなどという姿勢は見せずにおとなしく搾取された方がよいということになる．だが，普通は搾取しようという者があらわれれば，相手にはまず憎悪や嫌悪の表情，あるいはさらに身体を使っての威嚇的な状態を見せるだろう．そしてその様子を相手が見て，リスクが大きくなると判断すれば搾取をあきらめるだろう．現実問題として，いちいちその場で後先のことを考えて躊躇しているよりは「怒り」の感情をすぐに表出させた方が，結果的には自己利得を守る上では合理的なのである．

　人間は他の動物とは違った高度な感情，また情動を発達させてきたかのようにも思われるが，上述したように突き詰めてみればその心的な状態，つまり感情は常に基本は快か不快かのどちらかである．単純な生物に感情はないが，あたかも感情があるかの行動はとる[14]．もちろん快，不快を感じているわけでもないが，生体として利得があるのか危険があるのかを判断しそれに応じた行動をとっているわけである．したがってより根本的に考えれば，感情はある対象や状況に対する自己の生理状態の認知反応ということになる．

　複雑さは違っても人間も生物なので基本は同じである．だが人間の場合は知覚を通して反応するだけでなく，心の中でイメージしただけでも感情は発現する．その際，対象となるのは以前に認知された記憶である．したがって外的な対象が一切存在しないか，認知能力がなければ感情，情動もひいては自己意識も存在しないことになる[15]．

　また，ある対象を認知するということは，その対象の知覚した情報に対応する表象が脳内に想起され知覚としての認知から意識的な認知へと移行されるということである．そしてその表象とは脳内に蓄積された知識のことに他ならない．したがって認知対象への知識がまるでない状態の場合，たとえば赤ちゃんは目の前のものに対して知覚としての認知はあってもそれが何であるかは明確には理解できない．

　つまり，人間が成長していく過程で学んだ多くの内容が脳内に知識のかたまりであるスキーマ（schema）として蓄積され，その知識が感情を呼び起こし，次に自由意思が立ち上がってそれに応じた行動をとっていくのである[16]．

　このことからすると人間の行動というのは，感情を起動させるその場の状況での注意を向ける状態や対象物に対するいわば反射的な知識に依存するものということになる．反射的な知識によって一度行動が起こされたなら，行動は基本的にその状況での目的に沿った一続きの自動性のあるものとなる．そして行

動の目的は不快な状態を忌避し快の状態へ移行させていくか，欲求を充足させた，より大きな快感情を得るということになる．

２．自動性と反道徳性

（1）　いじめと３つのルート

　人間行動がかなりの部分で自動性によるものであるのなら，いじめといった明らかに道徳性に反する行動も無意識で自動的なものなのだろうか．通常は小学校高学年や中学生程度になれば善悪の判断はつき，いじめが悪いことだというのは理解できるものだろう．

　しかし実際には，学校現場において深刻ないじめが多数発生している．このことから考えられるのは，みんながやっているから自分もやる（一般的にいじめは多数者が一人に攻撃する）（模倣），いじめられる者はされるべくしてされるとみなしている（いじめる側はいじめられる者にいじめる理由を必ずつくっている）（特性）といった状態であると考えられる．さらに悪質な場合は金銭を巻き上げる目的をもっていじめをすることもある（目標）．これらは先の３つのルートと合致しているともいえる．だとすれば，我々の感覚からすると自動車を運転していたり，会話に夢中になっていたりする時と同じ自動的な状態といえるのかもしれない．

　もちろん同様にこの３つのルートによって，自動的に道徳的な行動もとられてはいるだろう．だが現実には子ども社会においては，どちらかというと反道徳的な行動の方がおもしろおかしく受け止められ，ついその方向に同調してしまうという面が見られる．人類の進化の観点から考えるならば，数百万年間の厳しい環境の変化に適応できるかどうかが最重要な課題だったのであり，それによって身についた行動パターンが今日的な意味で道徳的であるか反道徳的であるかということは関係なかった．したがって人間の行動というのは，本質的にはその場のコンテクストの状況によって善悪どちらに転ぶか分からないものなのである．

（2）　感情と反道徳性

　自覚的には感情が行動を起動させるということは上述の通りだが，中でも先ほども言及した「怒り」の感情は情動状態へと進みやすい．その結果容易に反

道徳的な行動へと結びついてしまう．

　実際「怒り」が爆発しすぎると，相手の命を奪う事態にも発展する．殺人を犯せば重い刑罰が待っている．法制度が発達していなかった時代でも相手の身内や集団から相応の報復はあったはずであり，合理的な行動とはいえなかったはずである．にもかかわらず，なぜ殺人はなくならないのだろうか．バス（2007）は，殺人の心理も他の心理機制と同様様々な適応上の問題を解決するべく作られたもので，性淘汰の上で「恩恵」のあるものである，と述べている．第１章でも触れたように，殺人など凶悪犯罪のほとんどは男性によるものであり，この原理としては配偶者をめぐる男性同士の争いか，もしくは他の男性の遺伝子を残すことを妨げるためにストーカー殺人のように女性の命を奪うかのどちらかである．

　もちろん表面上は様々な事情があるものだが，生物として突き詰めれば以上のようになる．結果として男性は体力と戦略的な知力を合わせたより強者の，女性は繁殖という点からより魅力的な遺伝子を伝えることになり，強靭で魅力的な子孫を残すことになる．かつてのような過酷な環境の下では，個人の資質としても優れたものを持っていなければ生き抜くことは難しかった．それを考えれば行き過ぎた怒りの感情も遺伝子的には確かにバスのいう通り「恩恵」だったのだろう．だが，環境が一変している現在においては，それは必要のない心理となっているのである．このことを我々は十分に認識しなければならない．

　怒りの感情がもともとは自分の身を守るためのものであることから，すぐに退避かあるいは攻撃の態勢をつくることができるような体の構造となった．つまり行動に移しやすいのである．そのため学校での体罰など不必要な場面で暴力を振るった理由として「ついカッとして」と答える場合が多い．まさに内面の思いを感情に任せ暴力という過度な行動へと発展させてしまうのである．

３．道徳性教育への視点①——模倣ルート——

　人間行動の自動性について，そのメカニズムをここまで述べてきたわけだが，大切なのはそれを道徳性教育にどう応用していくか，ということである．上述したように本章ではダイクステルハウスの３つのルートを応用する形とする．

　まず応用していくには模倣ルートである．模倣ということは人の真似をする

わけである．自分で深く考えさせもせず，ただ真似をするように促すというのは教育として問題なのではないかと指摘されるかもしれない．だが人間の学習は全ては模倣から始まる．

　実際人間はある行為についての見本があると，何の得にもならないようなところまでその手順を模倣する傾向があり，その現象は「過剰模倣」と呼ばれている（ヘンリック 2019）．その意味で模倣は人間の基本特性であり，良いことを真似て良い行動を身につけるという点から考えれば，それは大いに奨励されるべきである．ただし何から何まで人の真似というのも日常生活を送る上では支障が出る場合もある．このため過剰な模倣を抑制する働きが前頭葉には備わっている（ブレイクモア＆フリス 2006）．現実問題として良いことであっても真似することを躊躇する心理が存在するのはこのためである．この点を考慮した指導が必要となるだろう．

　具体的には一斉，個別の種類は様々あっても集団で道徳的な行動をとることである．集団で行うことにより相互に模倣し合い，行動の徹底が図られ習慣化されるのである．

（1）　形式的なコミュニケーションの重要性

　道徳的な行動を学校教育の中で児童生徒に持続的に行わせ結果的に相互に模倣することによる習慣化させる，ということは，現実的にはあいさつなどの形式的なコミュニケーションを徹底させるということになるだろう．あいさつの重要性は誰もが認めるものの，その根拠については単に感覚的なものである場合が多い．それを確認するためには起源を辿る必要がある．

　人類は長い進化の過程で厳しい自然環境に適応するために集団化戦略をとってきた．そのため人間は社会的な動物であり，その存在は集団とは切り離せないものである．したがって対人的なコミュニケーションも必然的に発達してきたと思われる．その起源を考えるとき，原初的な社会集団の状況を見ることが参考になるだろう．

　その好例の1つは20世紀に入るまで周囲と隔絶され自分たちとその周囲の部族以外の人間と全く接する機会のなかったニューギニア島における部族集団である．これについてはニューギニア島パプア地方において1980年代にそれまで外部と接することのなかったファユ族とジャングルにおいて生活を共にしたドイツの言語学者であり宣教師であったキューグラー（Kuegler）夫妻とその

家族の経験が，形式的なコミュニケーションについての意味を探る上で重要な資料となると考えられる．

　中でも 8 歳の時に現地に移住し 10 年間ファユ族の子とともに成長したキューグラーの二女であるザビーネ（Sabine）の報告は大変興味深い．たとえば彼女がファユ族とともに暮らしたジャングルから，文明社会に生活の舞台を移した直後の不適応の様子について次のように記されている．少々長いが引用したい（キューグラー 2006）．

　　翌日，二人の女の子と「ボル・デュ・ラック（湖のほとり）」を散歩したときのこと，わたしは出会う人すべてに親しみをこめて挨拶をした．ジャングルではいつもこうするのが普通だったから——もちろん善意からだ．挨拶を返してくれる人もいたし，ただ疑わしそうにじろじろ見るだけの人もいた．

　　しばらくして女の子の一人が，「いったいどうしてこんな短期間にこんなたくさんの人と知り合いになれたの？」と訊いた．

　　わたしはびっくりしてその子を見た．学校の外には，まったく知り合いはいなかったのだから！

　　「じゃあ，どうしてみんなに挨拶するわけ？」その子は尋ねた．

　　「だって，そうするものじゃない」と，わたしは答えた．

　　二人は大笑いした．「いい？　ここでは個人的に知ってる人にしか挨拶しないものなのよ！」

　　ここでもまたわたしは一つ，理解できないことを学んだ．次に通行人とすれ違うときは，唇をしっかりと結んで何も言わなかった．しかし何か良心のとがめを感じ，自分が無礼で野蛮な人間のように思われた．ジャングルで誰かに会ったときは，互いに挨拶をかわすか，さもなければ殺し合う．長いことファユ族の人たちはそうしてきていたから，とにかく誰にでもハローと言っておく方が安全だ，ということがわたしの中にも刻みこまれていたのだ．

　人類は 1 万 2 千年前になって狩猟採集から農耕牧畜の生活に入ったことにより食料は安定して手に入れることができるようになった．だが，それでも世界的な天候の変動により不作が続いたりすると飢餓に苦しむことも少なくなかっ

た．そうした場合は近隣の部族集団との争いは避けられなかったのである．そのため普段でも部族間の緊張状態はかなり高かったと考えられる．このことから考えるとあいさつには，単に親和性を表明するためというよりもその裏には相手を殺すという敵意を除外するという重要な意味があったと考えられる[17]．

（2）　親しみをこめたあいさつ

　形式的にあいさつをするだけではあまり効果はないかもしれないし，やり方によっては却って関係が悪化することもあるだろう．上述の引用にもあるように「親しみをこめて」あいさつすることが重要だ．そのために重要な要素となるのは表情である．表情の認知には世界各地どの民族，部族であっても変わりがない（エクマン 2013）．良好なコミュニケーションをとるには当然良い表情，つまり笑顔が重要になる．

　これについても今挙げたあいさつと同様の意味があったと思われる．それを示す例は次のようなものである．2003 年からのイラク戦争の際，米軍のある部隊が和平のためにイラク中央部にあるナジャフ市の聖職者に会いに行ったところ，聖職者に危害を加えに来たと勘違いした地元住民は，この部隊を取り囲んで威嚇を始めた．このままでは危険な状態になると判断した司令官であるヒューズ大佐がとった指示は次のようなものであった（NHK スペシャル取材班 2012）．

　　　群衆すべての人に「私たちには敵意はないのだ．話し合いをしたいのだ」ということを印象付けるにはどうしたらいいかとヒューズ大佐は考えた．
　　　次の瞬間，ヒューズ大佐は部下たちに向かってこう叫んだ．
　　　「笑え，笑うんだ」一瞬にしてその場の空気は変わった．大勢の人たちが，笑顔を見せる兵士たちに微笑み返したのだ．混乱は収束し，事なきをえる．

　眼から入った表情の視覚情報は脳内のミラーニューロンによって他者の状況を自らに置き換える脳内模倣を生じさせると同時に島を通じて大脳辺縁系に信号を送る．それによって観察された感情を自らが感じることになる（イアコボーニ 2011：142f.）．

これらの事例から見てみても，豊かな表情のあいさつには，それだけで対面的な人間関係を親和的なものにさせ，道徳的高揚感を実感させる効果があるといえるだろう．あいさつ行動を意識して行うというよりも，習慣化させることにより自動性を発揮させられれば，道徳性の醸成につながっていくことになるのである．

（3） 模倣ルートの応用——形式的コミュニケーション形成のための学習——

模倣ルートの応用というのは，相互に真似をしながら道徳的行動を実行するということである．具体的には形式的コミュニケーションの励行ということになり，あいさつ，返事，謝意と謙譲を示す礼儀，表情が挙げられる．

これらはいずれも道徳的な要素が含まれており，継続的に実践させることで道徳性の醸成につながっていくと考えられる．当然そのことは誰もが感覚的に理解していることであり，あらためて取り上げるまでもないともいえるかもしれない．

だが，道徳の学習指導要領内容項目にはあいさつや礼儀が取り上げられているものの，実際の授業の中であいさつや返事といった礼法を学習活動として取り上げ意図的計画的，また継続的に指導しているということはないといってよい．学習する意義を再確認する必要は十分にあるだろう．

これらを実行する意義は，それによる効果が確実に得られるということである．道徳的行動を実行するということは必ずその相手がいるということになる．たとえばお年寄りや体が不自由な方が何か困っているときに手助けをすれば，「ありがとう」と感謝を伝えられる．それを受ければ「やって良かった」という道徳的な高揚感を実感することになる[18]．

あるいは，普段からあいさつがしっかりできていれば，来校者にもよいあいさつができるであろう．来校者が「すばらしいあいさつですね」と直接であれ，間接であれほめてくれれば，それもまた道徳的な高揚となる．このように感謝されたりほめられたりすることは，脳内においてはそれ自体で金銭等と同じ報酬として受け取られている（Izuma et al. 2008）．来校者でなくても児童生徒には教師，後輩には先輩と目上の者が下の者に良い評価をすることが重要であろう．

道徳的な高揚感は，暖かで心地よい感覚と，他者を助けたいという欲望やより良い人になりたいという欲望に関わっており，さらに「信頼のホルモン」といわれるオキシトシンの分泌量を増大させる（ハイト 2011）．道徳的な高揚感を

得るには物語を読んだり視聴したりしてももちろん可能だが，自分の行動に
よって直接の反応があることは，心理的な報酬となり行動の強化につながるこ
とになる．仮に道徳的な行動を強制されていやいやながらやったとしても，そ
れに応じた反応が返ってくればオキシトシンは確実に分泌されることになる．
つまり落語の「里帰り」[19]の中の娘の心の内のようなものである．相手を殺し
たいほど憎いと思っても，相手への態度が優しいものであればそれは相手に通じ
相互に打ち解けるものなのである．

　ただし，気を付けなければならないのは，「信頼のホルモン」オキシトシン
はあくまでも内集団の中でのみ有効ということである．オキシトシンの分泌に
よって自分たちの仲間には共感や信頼が増すことになるが，仲間ではない者た
ちに対しては全くそのようなことはない（de Dreu et al. 2010）．それどころか非
協力的な相手には攻撃性を高めることにすらなる（Shamay-Tsoory & Abu-Akel
2016）．

　したがって仲間内のあいさつの励行だけで終わらないようにする必要がある
ということである．学校外において外部の人に対しても同じようにあいさつが
できるように指導していくことが大切である．

４．道徳性教育への視点②──特性ルートと目標ルート──

　次に特性ルートと目標ルートの道徳性教育への応用を考えていきたい．特性
ルートは上述したように先行刺激であるプライムによってある行動が引き起こ
されるものである．ポイントはプライムが自身が持っている知識を呼び起こす
ということである．目標ルートは，非意識的な場合も含めこれをしなければな
らないという時に，その目標に向かって行動するというもので，その行動手順
が知識として定着しているほど自動性の割合は増す．両者に共通しているのは
知識である．結局は知識の多寡や質が行動の内容を左右するのである．

（1）　人間にとっての知識の特徴
　人間行動の自動性は，上述したように自覚的には感情や情動を「装置」とし
て起動するが，それらを発現させるのは主に知識である．人間にとっての知識
は対象を認知する基本ツールであり，接近か忌避かの行動を参照した知識内容
に応じた感情，情動を発現させて実行させるものである．

　このシステム自体は，おそらくどの生物にもあてはまるものだろう[20]．しかし，人間の場合は他の生物とは比較にならないほどの知識の高機能化が見られる．行動を起こす上で極めて重要なリソースとなる知識には次の二つの特徴があるといえるだろう．

　第一にその豊富さと柔軟さである．進化的な過程は想像するほかないが，人間の持つ知識の豊富さは生物の中では当然ながらとび抜けている．膨大な知識はその特徴に応じて分類，チャンク化して整理することによって，人間は無限ともいえるほどの貯蔵能力を持つことになった．これによりどのような場面でも混乱せず，他の動物に比べ劣っている体力をカバーできる態勢をつくったのである．

　第二にその高度な再帰性である．カミロフースミス（1992）は，人間を他の生物と区分けしているものは表示上の再帰的な表象のし直し，つまり再記述であるとしている．人間の知識構造はある知識を身につけたら，次にその知識を含むより範囲の広い知識を習得し，さらにまた，という入れ子構造になっている．これにより目の前の子細なことも，見渡さなければ分からないような全体的，大局的なことにも対応することができるのである．この再帰性は人間の言語に端的にあらわれている．

　こうした特徴を持つ知識を習得していくというのはたやすいことではない．しかし大変でも知識の習得を繰り返すことにより，つまり既に蓄積された知識が提示されることによりそれは強化され，多くの知識が連結，体系化しさらに異なった知識を吸収していくことにつながっていく．知識を広げ，吸収していくということは学習するということである．

　学習者にとっては学習することは苦痛を伴う場合が少なからずあっても，実際には学習者，とりわけ子どもは喜び勇んでそれを行う．1つの知識を習得するということは，脳神経科学的に見れば，脳内の複数のニューロン細胞同士が脳内伝達物質によって結ばれ1つのネットワークが形成されるということである．脳内にネットワークを形成し，それを何度も確認して強化していけばいくほどに大きな快感情が発現される．つまり学んで成果を出すことは楽しいのである．

　進化の過程でさして身体的に利点のない人間にとって，知識を広げることは生きていく上で大変重要なことであったはずだ．そのため知識を確実に身につけ，さらに強化していくことに喜びを感じるようになったと考えられる．

　このように人間にとっての知識は，身体能力で劣ることをそれに対する認知能力の高さでカバーするものであり，生きていくには必須の要素，能力であった[21]．この知識は言語の発達以後は量的質的にさらに爆発的に高度化した．

　しかし，かえってそのために言語的な知識によって感情，情動が左右されやすくもなった．行動の自動性は文字通り自動的なものであるにもかかわらず，上述例で示したように言語的な知識が脳のつじつま合わせの機能を促進することになり，その自動的性質がいわばカムフラージュされることになった．したがって，人間にとっての知識の扱いは慎重にしなければならないのである．

（2）　習得すべき 2 つの知識

　道徳的な知識というと，これまではたとえば「思いやりを持つ」「礼儀正しくする」といった道徳原理や徳目，また「路上にごみを捨てない」「赤信号では止まる」といった規範や規則を指すのが普通だった．だが人間の生得的な自動性を応用するという立場からすると習得すべき知識の内容もそれらとは自ずと異なるものとなる．ここでは特性ルートと目標ルートに基づいた「特性と目標に関連した知識」と「メタ認知のための知識」を挙げる．

a　特性と目標に関連した情報としての知識

　特性と目標に関連した知識は，人間が行動をおこす際のリソースとなる知識である．人間はある認知場面において，眼前にある対象や文脈を認知して多くは自動的に行動をおこす．それは認知の内容に応じて反射的であったり，ある目標を設定した結果であったりする．この知識を道徳的なものとするのである．この知識は特性ルート，目標ルートに共通した道徳的行動を促すものであり，次の 2 つが挙げられる．

　1 つは特性ルートを応用した認知対象の特性を道徳的なステレオタイプとして形成する知識である．これは特性ルートにおいては，様々な道徳的な行動が必要とされるような認知場面に遭遇した場合，その認知対象やコンテクストをプライムとして活性化される道徳的知識ということである．

　一般にプライミングによって活性化する知識は悪い意味でのステレオタイプとして偏見と同義にも使われやすい．特に人種や民族についてのステレオタイプは特にアメリカにおいて多くの問題を引き起こしており，様々な機会に得られる情報の蓄積によって，たとえばアフリカ系というだけで悪いイメージを持

たれやすいのが実際である（Devine 1989）[22].

　そこで特に道徳的な行動が必要となされる，あるいは反道徳的な行動の抑制が求められる対象について，道徳的な知識を言わば良い意味でのステレオタイプとして習得させていくのである．ただし世の中の全てのものを取り上げるわけにはいかないので，内容は精選することになる．

　もう1つは道徳的な行動が必要とされるような認知場面に遭遇した場合，道徳的な目標を設定する，あるいはいくつか考えられる目標から道徳的なものを選択していくために資する知識である．これは目標ルートを応用する．具体的には認知対象の名称や意味といった知識ではなく，何らかのストーリー性のある展開が見られる知識ということになる．

　上述したように目標ルートにおける人間の自動性は非意識的な状態でも多く見られるものである．助力をする必要があるようなある場面に遭遇したとき，反射的に単発の助力行動をとるだけでなく，たとえば当人に必要な内容を確認したり，周囲に関係機関との連絡を取ることを促したりといった，その後の複雑な展開を意識せずに目標を設定して機敏に行動するということは，誰でもイメージできるものであるし，実際そうした行動が必要となるものである．

　このように，特性と目標に関連した知識とは，道徳的行動を実行するとき，最終的な目標となる状態を設定すると同時に，それに向けての手順や留意事項を瞬時にチャート化してイメージしていくのに必要な知識である[23].

b　メタ認知のための知識

　メタ認知のための知識とは，つまりは自分の状態を知るための手助けとなる情報であり，目標ルートを応用したものである．上述したように自己の情動が危険な状態なのかどうかがモニタリングできればそれを統制する方略を自らとることができる．反道徳的な行動を統制するという目標を設定するわけである．

　これまで述べてきたように，人間には生得的に知覚において一定の解釈をする認知特性がある．この地球の自然環境に即した一定の解釈によって，ニューロン細胞の活動を節約しているわけだが，これはつまりは認知的なバイアスである．同様に，人間はある対象やコンテクストに対する認知場面において一定の解釈を行って，感情を湧出させ行動を起こしている[24].まさに自動性だが，上述したような視覚的な認知特性，つまり認知的なバイアスは通常の生活を送る上では物理的な世界認識をする上で有用な性質であるのに対し，この場合の感

情や行動には反道徳的なものも含まれる.

　現在の人間の脳は解剖学的に 30〜20 万年前には完成していた. 文明の萌芽が見られるようになるのは 5 万年ほど前からであり（クライン＆エドガー 2004），現代に直接つながる爆発的な文明の進展は 1 万 2000 年ほど前からである. ただし序章でも触れたように 1 万年程度の期間では大幅な遺伝子上の変異が種に行き渡るのは不可能である. ということは，人間というのは本来 30〜20 万年前の生活スタイルに沿った思考しかできないということになる[25].

　その意味で現在の高度な文明の大半というのは，太古の昔の生活に沿った思考を応用したものか単なる副産物にすぎない. その結果，30〜20 万年前にはうまく機能していた認知場面における一定の解釈という認知特性も，環境が激変した現代社会では少なくないケースで反道徳的な行動へと結びついてしまうことになるのである. このように現代社会では反道徳得な行動へと結びつきやすい人間の生得的な認知特性は反道徳的認知バイアスとでも呼ぶべきであろう.

　人間がこれによって反道徳的な行動をしばしばとってしまうことにおいて大きな問題となるのは，多くはそのことを理解した上でのことだという点である. 先にも挙げたストーカー殺人などはその最たるものだろう. 自覚していて悪いことをしてしまうからこそ自動性であり，それはそれで結果としては行動を適応のために合理的な結果に導く行動ということになる. だが，この 30〜20 万年の間には反道徳的な行動であれば必ずしも適応的ではない結果になることもあったはずである. それでも反道徳的な行動が今日まで定着しているのはなぜだろうか.

　これについてスタノヴィッチ（2008）は，人は遺伝子によるロボットであり，その操作についてはショートリーシュ（短い引き綱）ではなく，ロングリーシュ（長い引き綱）の方式によって行われているというメタファーを用いて説明している. たとえば火星のような遠い惑星に探査機を送ると通信に時間がかかりすぎ，逐一地球から細かい指示を出すことは不可能である. そこで探査機に自らの判断で柔軟な対応がとることができるようプログラムしておくことになる. この場合の逐一指示をする方式がショートリーシュであり，人間にあてはめれば遺伝子による直接の指示，つまり本能ということになる.

　これに対し自らの判断で柔軟に対応するのがロングリーシュであり，知性である. 遺伝子の指示は子孫を残すことであり，具体的にどうすればよいのかは知性に委ねる. ショートリーシュの場合はその指示の通り愚直に行動するが，

ロングリーシュでは時としてロボットの反乱のようにその指示に反する行動をとる場合もある.

　たとえば避妊具を装着した性行為であり，これは子孫を残すという基本的な指示を無視した行動である．どの生物にとっても繁殖が遺伝子による至上命令であるが，人間の場合は性行為による快感情の獲得[26]という手段でそれを促すよう進化した．性行為による快感情はあくまでも手段だったのだが，ロングリーシュの結果，手段が目的化してしまったわけである.

　反道徳的行動もつまりはその場での自身の欲求を満たすものであり，内容によっては明らかに遺伝子の基本的な指示に反する場合もある[27]．これを統制するには，こうしたシステムの知識を習得し，自動性による行動を起こしているまさにその時点で，自らの行動を分析することが必要となるのである.

　このことは，たとえば次のようなことと同じであろう．急にのどが痛み出し，発熱を伴う悪寒の症状があらわれたとき，医学的な知識があれば生物と無生物の中間である粒子状のインフルエンザウィルスがのどの粘膜から細胞内に侵入し増殖を始めた．それに対して体の防御機構が働き，白血球やマクロファージ，キラー細胞などの免疫細胞を活性化させるために体温が上昇した，ということが分かるはずである．そのことを理解すればすぐに医療機関に行くなり，薬局で薬品を買うなりの行動をとることができる.

　ところが，そうした知識が全くないと，何か得体の知れないものに取り憑かれたのではないかとか，誰かが自分に呪術をかけているのでないか，といった誤った信念を持つことになってしまい，適切な行動をとることができなくなる．現在の自分の状態を分析する知識を持っていることによって適切な行動がとることができるのである[28].

　またこうした取り組みは実際には学校教育において，既に浸透している．性教育がそれである．性教育では性的な身体の発達や性行為，受胎について冷静に認知し統制のとれた行動を促していくねらいがある．もちろん，それだけで性的発達に伴う行動が全て安定し，ひいては性犯罪もなくなるというわけではないだろう．だが，それでも衝動に駆られて軽はずみな行動は多少なりとも抑えられているのではないだろうか[29]．反道徳的な行動特性もその起源や他の生物に関わる内容を知識として与えることは，同様の意義があるといえるだろう.

（3）　特性ルートの応用──道徳的目標を設定，選択するための知識習得──

　自動性の特性ルートは，もともと当人が持っていた知識やイメージがステレオタイプとなり，プライミングによって活性化され，それに基づいた行動をとるものである．したがってたとえばお年寄りが混んだバス車内で座れず立ったままでいるというプライムがあった場合，仮にお年寄りについて敬い，いたわらなければならない，あるいはその場面においては座っている者は座席を譲らなければならないというステレオタイプが形成されていれば，スムーズに立ち上がることができるはずである．

　これまでのいわゆる心情主義的な道徳授業では資料の中のそうした場面でお年寄りや周囲の者がどのような気持ちか，ということを考えさせることが中心であり，人生の大先輩であるお年寄りの存在そのものについて，またその場合は座席を譲らなくてはならないということについては知識として教えるということに力点は置かれていない．

　そのためにそうした場面に遭遇してもあれこれ考えるだけで実行に移せないのである．結果的にお年寄りを敬い，いたわることにつながる知識というのは，これまで地域や家庭による教育の中で自然に身につけられるものという前提であった．しかし，それらの教育力が低下した現代にあっては，学校教育の中でステレオタイプとなるまで，そうした知識を習得させる必要がある．

　具体的には言わば丸暗記する知識となる．ひらがなや漢字，また数式や英単語などを覚えるのは覚え方はいろいろあるだろうが所詮理屈ではない．覚えればそれらが材料となり様々な思考やまた感情がつくられていくのである．したがって学習する時期としては初等教育の段階が中心となる．内容としては2つの種類がある．

　1つは道徳的な判断や行動を促す知識を丸暗記するものである．丸暗記することからそれは短めの方がよい．具体的にはことわざや箴言といったものである．これについては第5章において，具体的な授業プランも含め詳述する．

　もう1つはエピソード的なものである．道徳的なステレオタイプを形成していくことに特化するものなので内容には具体性が求められる．たとえば学習して「だから電車やバスの中では，お年寄りなどに席を譲らなければならないのか」「だから外国の人とも仲良くしなければならないんだ」といったように道徳的な行動をとることに妥当性や説得性を持たせるものということになる．

（4） 目標ルートの応用──メタ認知のための知識習得──

　特性ルートが言うなら反射的にまずは道徳的行動がとれるようにするという主旨で応用するのに対して，目標ルートでは意識的，非意識的を問わず道徳的な行動をとる，あるいは反道徳的な行動を統制するという目標を設定した上で行動に移すということになる．たとえば先のようなバス車内のお年寄りの姿を見れば座席を譲るという目標を設定し，実行することになる．

　この行動自体は特性ルートのものと変わらないが，特性ルートの場合は反射的に行動としてあらわれるだけなのに対して，目標ルートの場合は声のかけ方や譲るタイミング等，具体的な手順や行動の後の道徳的高揚感といったこともイメージして行動することになる．

　また何かのきっかけで怒りの感情が沸き起こり反道徳的な行動をとりかねないような状態に陥ったときに，その状態を自ら認知しモニタリングできる知識があれば，その怒りがなぜ湧出しそのまま突き進めばどのようになってしまうかが自覚でき，その怒りを鎮める知識があれば感情の高ぶりを統制することもできるであろう．さらにたとえば実行するには面倒だが内容的には妥当な規則を守らなければならないとき，守りたくないという感情に対して同様の知識があればそれを統制することができるだろう．

　このように道徳的な行動を一層多面的に促し，反道徳的な行動を統制するという主旨で目標ルートは応用することになる．その際に必要なのは今示したような自らを客観的にとらえモニタリングをするのに資する知識となる．[30)]

　これはメタ認知のために「なぜこうなのか」「なぜそうなるのか」といったことについて解説する科学的な知識である．たとえば本章のテーマそのものである人間行動の自動性に関して「なぜ万引きをするのか」「なぜ性犯罪があるのか」「なぜ人種差別をするのか」といった内容が考えられる．もちろん具体的な授業としては発達段階に合わせる必要があり，本章で述べたことをそのまま取り上げるわけではない．

5．宣言的知識と手続き的知識及びスキーマ，スクリプトとの関係

　道徳的な行動を促すために習得すべき知識として特性と目標に関連した情報としての知識及びメタ認知のための知識を挙げたが，これらと知識についての心理学的一般概念である宣言的知識と手続き的知識，またスキーマやスクリプ

ト（script）との関係はどのようなものになるだろうか．これについて考察して
みたい．

　宣言的知識は誰が見てもそうであると認めるような事実に関する知識である．
手続き的知識は「もし，何々すれば何々になる」という規則の集まりであり，
習い覚えて身についた技能を知識化したものである．またスキーマは，先にも
触れたように人間は何かを見たり聞いたりしたとき，既に自分が持っている知
識にあてはめてそれを認知することになるが，この構造的な知識のことであり，
各自が持っているイメージの塊といえる．

　そしてスクリプトは人間がある事物や事象を理解し行動をとる場合，その範
型となる一続きになった経時的な背景知識である．スキーマやスクリプトは人
間の認知活動を支える包括的な知識であり，その知識の原型といえるのが宣言
的知識と手続き的知識ということになるだろう．上述した二つの知識もその中
に含まれることになるが，人類の進化という視点でとらえた場合，その二つの
知識というのはこれらの知識の成立の基盤をなしているともいえる．

　これまでも述べてきたように人類は他の多くの大型動物と比べ体格や身体能
力に劣っており，他の機能を発達させてフルに使っていかなければ生き残るこ
とはできなかった．その1つが認知していく上での表象能力であり，さらにそ
の表象を知識として蓄積していく能力である．多くの生物が一見高度な活動を
こなしているようでも実際には遺伝子上に行動が規定されているため，応用が
きかず規定外の状況に遭遇した場合には対処できなくなる．

　それに対し人類は一定の環境の中で粛々と過ごせるような状態にはなかった
ため，たえず新奇な環境にも適応せざるを得なかった．新奇な環境に対応して
いくためにはまずは眼前の対象を的確に認知し，分類しながら記憶する必要が
ある．その際には外見的特徴とそれに応じた名称や，さらに機能的な特徴等を
表象化し知識として記憶しておかなければならない．仮に全く未知のものと遭
遇した場合は類似の対象と比較し，おおよその特徴を類推することになる．

　眼前の対象を認知するだけであれば他の動物も相応の能力はあるが，人類の
場合はさらに知性を飛躍的に向上させることになる．それを推進したのは複雑
な人間同士のやりとりであった．人間関係は今も昔も一筋縄ではいかず，単純
にああしたからこうなるというわけではなく，こうなるかもしれないし，ああ
なるかもしれない，あるいは……，というようにいくつもの因果関係を想定す
る必要がある．

　また認知対象となる多くの人間同士の相互関係も把握しておかなければならない．こうした複雑な関係を表象化する諸能力が求められたのである．そしてこうした内容を表象化するのに処理能力が飛躍的に向上するツールとして発達したのが言語である．この言語の発達によって実に多数の認知対象の内容が知識として蓄積，伝達が可能になったのである．

　こうした過程から考えてみると，まずは認知対象の特性を見抜く能力が求められるのが分かる．特に新奇な対象と遭遇した場合に接近か退避か，つまり安全か危険かを瞬時に判断しなければならない．この内容を知識化したのが宣言的知識であり，名称としての機能のみならず，機能的な特色もイメージできるのがスキーマであるといえる．したがって特性と目標に関連した情報としての知識はこのスキーマとほぼ同義となる．

　そして，他と区別ができる事実として名称としての知識だけでなく，認知場面においては対象がどのような性質，能力，他の対象との関係を持っているのかも判断しなくてはならない．さらにその対象が単体としてまた他との関係において，どのような行動に出るのかを予測しなくてはならない．つまり対象の特性とそれに関係した経時的，因果的な行動の予測についての情報も知識化することが必要となってくる．これを法則化し，手順として知識化したものが手続き的知識であるということになるだろう．さらにその法則に基づく生活場面を，実際の事物や人間が展開していくイメージとしたものがスクリプトということになる．

　一方で，それにとどまらず自然環境また複雑な人間関係の中で，自分はどういう立場で今後どのような行動をとるのが望ましいのかということも理解しなければならない．そのためには，様々な展開を予測した上で自らを客観視する能力が必要となってくる．これは人間集団の中でだけでなく自分自身の心理的な面，生理的な面においても同様である．これがメタ認知的な情報の知識化につながっていったと考えられる．したがってメタ認知のための知識は，手続き的知識とスクリプトを包含した知識ということができるだろう．

　このように特性と目標に関連した情報としての知識とメタ認知のための知識は，宣言的知識や手続き的知識，スキーマやスクリプトと同義でもあり，より広い範囲からとらえたものということができる．

終わりに

　Wegner が指摘しているように，我々の意識というのは本当に「見せかけ」であり，行動は自動的なのだろうか．冒頭でも触れたように，やはりにわかには信じられるものではないが「見せかけ」だからこそそう見えないように，自動的であるからこそそう意識されないように，手の込んだものにしたともいえるだろう．

　第1章で述べたように我々人類の進化においては協力行動がまずあって，自覚的な道徳性というのはその後付けであった．そのことから考えれば，他者の利得のために行動する自覚的な道徳性というのは，我々の意識の中核を占めていることになる．そのため反道徳的な行為を見聞きすると人間の存在を否定されたようなやり切れない嫌悪感が生じるのだろう．

　だが残念ながら，他者や他集団を排斥したことによって我々の祖先は生き延びてきた．そのため意識の上では否定するにもかかわらず，そうした行動をとってしまうのもまた自動的なのである．これは人類の本性の1つとして存在することは間違いないが，現代社会では非適応的な性質である．したがって必要なのは，なくそうと思ってもなくせないこの性質を，問題を起こさないように，いかにして手なずけ共存していくかを考えることである．

　その意味で反道徳的な自動性というのは，世界中の人々を困惑させ苦しめてきた新型コロナウイルスと同じといえるかもしれない．なくなってほしいがなくすことはできず，弱毒化させ付き合っていくしかない．要はどう弱毒化させるかである．

註

1）自覚的な意識がない状態を一般には無意識というが，術語としての無意識はフロイトの精神分析の中心概念となっているため，それと区別するため本研究においても非意識という術語を他一般心理学同様用いる．

2）しかし，この「見せかけの心的因果」による非意識的な行動は，実は非常に高度な精神活動によって維持されている．高度であるがために人間には様々な精神疾患が発症するといえるだろう．特に「見せかけ」を司り，精神的な統合を担う前頭前野に疾患が発症したのが文字通り「統合失調症」である．高松は現在は症状が緩和している統合失調症患者の佐々英俊氏自身が語る内容を整理し記録した（佐々・高松 2004）．それによる

と当事者でしか判らない内面の様子が明らかになっている．その中では患者が最も苦しんでいることについて，次のように述べられている．「人々の視線が機関銃のように突き刺さり心がぼろぼろと壊されていく．簡単な日常会話でも心に土足で踏み込まれたような不快感を覚える．建物も倒れてくるようだった．道を歩けば，いつ押しつぶされるか分からない恐怖感に襲われる」．また，統合失調症では連続した行動が非意識的にはとれなくなってしまう．そのために単純な作業でも長時間続けることが困難になり，少しでも作業手順が複雑になると覚えることもできなくなる．たとえば精神障害者用の作業所では割り箸を箸袋に入れるといった非常に簡単な作業を行っているが，佐々氏によればその程度の作業でさえも難しいものになる．

3）Bargh ら（1996）の実験によれば，高齢者ステレオタイプをプライミングされた実験群参加者は，統制群の参加者に比べて実験室からエレベーターまで歩くスピードが遅くなっていた．

4）当然ながら現在はこの治療法は禁止されている．

5）スキナー箱内のラットの脳内に電極を入れて報酬系を刺激すると寝食を忘れて快感覚を求めてレバーをたたき続けるという実験（Olds & Milner 1954）．

6）Kingdom, Yoonessi, Gheorghiu（2007）を参考に著者作成（「フリー素材ドットコム」を使用）．

7）これは筆者自身の体験である．

8）ウィルソン（2005）は，筋肉や関節，皮膚から常に受け取っている感覚フィードバックである自己受容感覚を障がいにより全て失ってしまった患者の例を挙げている．それによると，その患者は自分の体の各部分に集中して注意を向けていないとコントロール不能に陥り，少しでも目を離すと立っていることすらできなくなってしまう．

9）たとえばパブロフの実験で有名な条件反射は，人間にも十分当てはまるものである．

10）2009 年に開催された Society for Personality and Social Psychology の年次大会における討論である（森 2012）．

11）同様な例を挙げれば，良いあいさつは道徳的な行動を促進していくと考えられるが，良いあいさつを実行していくには習慣化が必要である．そして，習慣化されたあいさつを行っても，本人としては自分自身で行っていると思うはずである．

12）一般に感情と情動は同義に扱われているか情動のほうが感情よりも激しい状態程度とされている場合が多い．ダマシオは心の評価的プロセスとそれがもたらす身体的反応を情動，それが連続的に脳にモニターされている状況が感情であるとしている．

13）では他は何かというと，それはたとえば空腹感や排泄感といった生理的状態，また本能的状態である．

14）単純な海洋生物であるアメフラシに対しても感情があるかのような馴化をすることもできる（磯 1999）．

15）ダマシオ（2000）は感情こそが自己意識の根拠となるものであるという「ソマティック・マーカー仮説」を展開しているが，それによれば感情は対象がなければ起動しない

ので認知対象がなければ自己意識もないということになる.

16）ただし, それはあくまでも自覚的には, ということである.

17）農耕牧畜以前の狩猟採集時代においても集団間の関係では, 同様の意味でやはりあい
さつといった儀礼は重要であったと考えられる.

18）この点からすれば学校教育の中で, そのような実践的な福祉教育の機会を増やすべき
だろう.

19）嫁入り先の姑と仲が悪く愚痴を言う娘に, その父親が白い粉を毒だと言って渡し, そ
れで毒殺しろと指示をする. ただし姑を油断させるために事前に嘘でいいから孝行する
ようにとも注意をする. それを実行した娘は意に反して姑と仲良くなり, 実はうどん粉
だった白い粉もいらなくなった, という話である.

20）もちろん他の生物に感情や情動があるかは定かではない.

21）ただし人類の進化上脳の巨大化が見られるようになるのは 230 万年前から 140 万年前
まで存在していたホモ・ハビリス以後であり, それ以前, 特に 400 万年前までのアウス
トラロピテクス類はチンパンジー並みの脳の容積であった. そうなると脳の能力として
は最初の人類から自身が持つ知識の高度化があったわけではないことになる. しかし,
さして脳の巨大化が見られなかったパラントロプス等, 他の人類は 100 万年程度前まで
には全て絶滅した. このことからすると 700 万年も生き残っていくためには知識の高度
化はやはり必須だったといえるだろう.

22）日本においても朝鮮, 韓国系の人々に対して蔑視するステレオタイプも未だに存在す
る. それを象徴するのはコリアンタウンと呼ばれるように韓国系商店が立ち並ぶ東京新
大久保周辺で頻発する, 韓国系住民に対するヘイトスピーチであろう.

23）仲本（2002）は, 福祉（障がい）を対象とした内容は重要視されているのもかかわら
ず, 子どもの理解を図ることが難しい現状から, 深く障がい理解をはかるためには, わ
かりやすい知識の情報提供を図ることが重要であり, そのことによって学習過程の中で
道徳的な心情と行動が芽生えていくことになる, と述べている. 具体的には障がい者を
理解する最低限の知識として, 研究対象とした文学作品中に取り上げられている「福祉
作業所」を挙げている.

24）知覚において偏りがあるということは, 感情や知性の面においても我々は当たり前と
思っていることの中に同様のことがあることになる. たとえば, 「どの親も, 子供が大
きな犬やクモに尻込みしたり, 暗い部屋に入るのを恐がることを知っている. その一方
で子供は, 浮かれて道路に飛び出したり, 電気のコンセントにフォークを刺したりする
のが大好きだ（オールマン 1996）」. これは獣や暗闇の脅威や危険性に比べ, 自動車や
電気などはつい最近あらわれたもので, 脳の中にはモジュールとして位置づけられてい
ないからであろう.

25）この意味で「私たちは「現代を生きる石器時代の人間」なのだ（エヴァンズ 2003）.

26）あくまでも男性側の立場としてである.

27）バスが指摘するように, 殺人も適応的であったと言える面は確かにあるが, かといっ

て殺人が横行し結果的に人類が滅亡するようなこと至れば，明らかに遺伝子の指示に反することになる．

28）辻ら（2008）は子どもにおける喫煙行動について，喫煙経験のある児童は「たばこに害があると思わない」と答えた割合が高く，喫煙についての正しい知識を持っているとは言えない調査結果を報告している．これは逆説的ではあるが，知識が行動に対して大きく影響することを例示している．

29）ただし実際には，性教育の不足も指摘されている．入谷ほか（2000）は，高校生に見られる自己性体験に伴う妊娠や性感染症などについての不安は，実態に即した知識を学習させる指導がなされていないことによる，と述べている．

30）もちろん道徳的な行動をとるという目標を設定し，実行するという自動性の応用もある．だがたとえばボランティア活動といった宣言的に道徳的な行動をとるようなケースでは，本研究のように平素の場合に道徳的な行動を促す取り組みというのはあまり関係ないであろう．

31）スキーマをさらに細分化した知識をノード（node）と分類する見方もある．

32）基本的に人間以外の生物種はニッチ（生態的地位）をはずれて生息するのは困難である．

33）進化心理学では人間の知性の進化は，15世紀イタリアの政治思想家マキャベリが著した『君主論』にあるような権謀術数を駆使した人間同士の相互の複雑なやりとりの結果であるという「マキャベリ的知能仮説」が有力な学説である．

文献

Bargh, J. A. (1994). The Four Horsemen of automaticity: Awareness, efficiency, intention, and control in social cognition. In R. S. Wyer, Jr., & T. K. Srull (Eds.), *Handbook of social cognition*, pp. 1-40.

Bargh, J. A., Chen, M., Burrows, L. (1996). Automaticity of social behavior: Direct effects of trait construct and stereotype priming on action. *Journal of Personality and Social Psychology*, **71**, 230-244.

de Dreu, C. K. W., Greer, L. L., Handgraaf, M. J. J., Shalvi, S., Van Kleef, G. A., Baas, M., Feith, S. W. W. (2010) The neuropeptide oxytocin regulates parochial altruism in intergroup conflict among humans. *Science*, **328**, 1408-1411.

Devine, P. G. (1989) Stereotypes and prejudice: Their automatic and controlled components. *Journal of Personality and Social Psychology*, **56**, 5-18.

Izuma, K., Saito, D. N., Sadato, N. (2008) Processing of social and monetary rewards in the human striatum. *Neuron*, **58**, 284-294.

Kingdom, F. A. A., Yoonessi, A., Gheorghiu, E. (2007) The Leaning Tower Illusion: A New Illusion of Perspective. *Perception*, **36**(3), 475-477.

Olds J, & Milner, P. (1954) Positive reinforcement produced by electrical stimulation of septal area and other regions of rat brain. *Journal of Comparative and Physiological Psychology*, **47**(6), 419-427.

Portenoy, R. K., Jarden, J. O., Sidtis, J. J., Lipton, R. B., Foley, K. M., & Rottenberg, D. A. (1986) Compulsive thalamic self-stimulation: a case with metabolic, electrophysiologic and behavioral correlates. *Pain*, **27**(3), 277-290.

Shamay-Tsoory, S. G. & Abu-Akel, A. (2016) The social salience hypothesis of oxytocin. *Biological Psychiatry*, **79**(3), 194-202.

Shiffrin, R. M. & Schneider, W. (1977). Controlled and automatic human information processing: II. Perceptual learning, automatic attending and a general theory. *Psychological Review*, **84**, 127-190.

Tangen, J. M., Murphy, S. C., Thompson, M. B. (2011) Flashed face distortion effect: Grotesque faces from relative spaces. *Perception*, **40**, 628-630.

Wegner, D. M. (2003). The mind's best trick: How we experience conscious will. *Trends in Cognitive Science*, **7**, 65-69.

イアコボーニ，M., 塩原通緒訳（2011）『ミラーニューロンの発見』早川書房，pp. 142f., pp. 184-187.

磯博行（1999）『学習する脳・記憶する脳』裳華房.

入谷仁士・木村龍雄・野地照樹・山本和代・下村美佳子（2000）「高校生の性意識及び性行動に関する研究——性交経験の有無と性に関する知識のニーズ及び悩みについて——」『学校保健研究』42, 245-255.

ウィルソン，D., 村田光二監訳（2005）『自分を知り，自分を変える——適応的無意識の心理学』新曜社，pp. 25f.

エヴァンズ，D., 遠藤俊彦訳（2001）『感情』岩波書店，p. 33.

エヴァンズ，D., 小林司訳（2003）『超図説　目からウロコの進化心理学入門』講談社，p. 54.

エクマン，P. W., フリーセン，V., 工藤力訳（2013）『表情分析入門——表情に隠された意味をさぐる』誠信書房.

NHK スペシャル取材班（2012）『ヒューマン』NHK 出版，p. 71.

苧阪直行（1996）『意識とは何か』岩波書店.

オールマン，W. F., 堀瑞絵訳（1996）『ネアンデルタールの悩み』青山出版社，p. 85.

ガザニガ，M., 杉下守弘・関啓子訳（1987）『社会的脳』青土社，p. 16.

カミロフースミス，小島康次・小林好和監訳（1992）『人間発達の認知科学』ミネルヴァ書房.

北村秀哉・大坪庸介（2012）『進化と感情から解き明かす社会心理学』有斐閣 i-iii, pp. 34f.

キューグラー，S., 松永美穂・河野桃子訳（2006）『ジャングルの子——幻のファユ族と育った日々——』早川書房，pp. 344f.

クライン，R. G. ＆エドガー，B.，鈴木淑美訳（2004）『5万年前に人類に何が起きたか』新書館.

佐々英俊・高松紘子（2004）『ウィー・アー・クレイジー!?』寿郎社.

サックス，O.，太田直子訳（2018）『幻覚の脳科学』早川書房，p. 215.

スタノヴィッチ，E. K.，椋田直子訳（2008）『心は遺伝子の論理で決まるのか――二重過程モデルでみるヒトの合理性』みすず書房，pp. 42-113.

ダイクステルハウス，A.・チャートランド，T. L.・アーツ，H.（2009）「社会行動の自動性」，バージ，J.，及川昌典・木村晴・北村英哉編訳『無意識と社会心理学――高次心理過程の自動性』ナカニシヤ出版.

ダマシオ，A.，田中三彦訳（2000）『生存する脳』講談社.

チャーチランド，P. M.，信原幸弘・宮島昭二訳（1997）『認知哲学』産業図書.

辻雅善・角田正史・鈴木礼子他（2008）「小・中学生の喫煙に関する意識と行動――地域における喫煙防止活動のために――」『目白大学短期大学部研究紀要』44，85-96.

仲本美央（2002）「児童文学作品を通して「ダウン症候群」を学ぶ（1）――『ぼくのお姉さん』の内容分析――」『育英短期大学研究紀要』19，9-22.

ハイト，J.，藤澤隆史・藤澤玲子訳（2011）『しあわせ仮説――古代の知恵と現代科学の知恵――』新曜社，pp. 285f.

ハイト，J.，高橋洋訳（2014）『社会はなぜ左と右にわかれるのか』紀伊國屋書店，pp. 362f.

バス，D.，荒木文枝訳（2007）『殺してやる』柏書房，p. 50.

バレット，L. F.，高橋洋訳（2019）『情動はこうしてつくられる』紀伊國屋書店，p. 112.

フランク，R. H.，山岸俊男監訳（1995）『オデッセウスの鎖』サイエンス社.

ブレイクモア，S. J.・フリス，U.，乾敏郎・山下博志・吉田千里訳（2006）『脳の学習力』岩波書店，p. 248.

ヘンリック，J.，今西康子訳（2019）『文化がヒトを進化させた』白揚社，p. 165.

茂木健一郎（2004）『脳内現象』NHK 出版，p. 132.

森津太子（2012）「社会心理学における自由意思をめぐる問題 I―― 2009 年 SPSP 年次大会での討論を手がかりに――」『放送大学研究年報』30，31-39.

森島圭祐・水内淳・石井雅己・山中仁寛・大本浩司（2013）「眼運動関連パラメータを用いた視野推定」『ヒューマンインタフェース学会論文誌』15(2)，11-20.

ラマチャンドラン，V. S.，山下篤子訳（1999）『脳の中の幽霊』角川書店，pp. 174-178.

リベット，B.，下條信輔訳（2005）『マインド・タイム』岩波書店.

リンデン，D.，岩坂彰訳（2012）『快感回路』河出書房新社，pp. 10f.

ルドゥー，J.，松本元・川村光毅他訳（2003）『エモーショナル・ブレイン』東京大学出版会，p. 20.

第 3 章
社会集団は持久狩猟で進化した

は じ め に

　現在，我々は道徳性について概念としても具体的な行動としてもすぐにイメージすることができる．だからこそ日常の社会生活の中でそれはさして意識されずに常識として発揮されているのである．そのおかげで我々の社会は，これほどの規模となっても概ね良好に機能している．

　だが，その社会の中で道徳性が発揮されるべき場面で発揮されず，逆に反道徳的な行動をとるといった光景も目にすることは珍しくない．その原因を指摘するのはある意味容易なことだが，道徳性を涵養する根本的な観点から考えるならば，社会の中で具体的にどのような場面でそれが進化し，どのような形になると崩れてしまうのか，ということを明らかにする必要がある．

　現在我々が当たり前と感じる具体性を持った道徳性が進化したのはホモ・エレクトスの時代であると考えられる．そしてその進化を推進したのは，ホモ・エレクトスが開始し分業体制の淵源ともなった持久狩猟（リーバーマン 2015）であると考えるのが妥当だろう．本章では，その持久狩猟を行う中でどのようにして道徳性が進化したのか，またその状況の中でどのようにして反道徳性が生まれたのかを具体的に考察する．

1．ホモ・エレクトスによる持久狩猟と社会集団の形成

（1）　持久狩猟における役割分担
　今日社会集団といえば，いわゆるゲマインシャフトやゲゼルシャフト，またコミュニティとアソシエーションのように地域社会から事業組織さらには趣味の会など多種多様である．だがもともとは血縁関係に基づいた生活共同集団としての社会集団しか存在しなかった．

　その最低限の条件を挙げるのであれば，複数者が生活を共にし，メンバー同

士が相互に個別性を認識した上で協力行動をとるということであろう．その点から考えて，今日の我々の社会につながる社会集団が成立したのは190万年前頃にあらわれたホモ・エレクトスの頃であると考えられる．

　第1章でも触れたように，250万年前頃から始まった乾燥化は植物系の食料資源を減少させ人類を存亡の危機に立たせることになった．その危機を乗り越えるために，我々の祖先は体型を手足の長い華奢なものへと進化させた．この体型こそは長距離走に特化したものであり，それを生かした持久狩猟を行うことで減少した植物系食料によるエネルギーを補って余りある動物の肉を手に入れたのである．

　持久狩猟では目をつけた獲物が熱中症で倒れるまで根気よくどこまでも追い続ける．四肢動物は体温調節をパンティング（あえぎ呼吸）で行うが，走行中は四肢が動くたびに胸腔が圧迫され息がうまく吸えなくなってしまう．そこで歩行や状況応じてスピード設定を変える必要があるのだが，無理に高速走行を強いられると酸素供給や体温調節がうまくいかなくなる（ヘンリック 2019）．そこが狙い目なわけだ．短距離では動物に到底かなわない人類が四肢動物の弱点をついて，この方法を成功させるには，かなりの人数から成るチームを組んで相互に助け合いながら行動することが必須であった．

　集団の食料資源として肉を確保するには最低でも現在のガゼル程度の大きさが必要であり，なるべく弱そうなどれか一頭に目を付けた上で，それを群れから離れるように追い立てなければならない．そのためには人手をかけて威嚇したり，群れと引き離すよう誘導したりする必要があった．うまく引き離すことができれば，その一頭をその後何時間か何日かは分からないが，ひたすら追いかけていくことになる．

　だが追いかける方も大変である．かかる時間にもよるが当然水も食料もそれなりに必要となるだろう．また仕留める際やその後の運搬に関する道具も持参していかなければならない．いかにも荷物になるものは専任の担当者が受け持ち後詰めの形で本体を追いかけることになる．結果的にチーム全体が常に一団となって行動するのは無理だろうが，逐次合流し体制を整えながらミッションを進めていったことだろう．

　そして首尾よく獲物を追い詰めたとしても，相手は最後の力を振り絞って反撃してくるだろうし，1頭を追い詰めたつもりでも，実はいつの間にか群れに近づいていて，いきなり助っ人があらわれ共同で向かってくるかもしれない．

そうした状態でとどめを刺すべく道具を手にして獲物を囲んだ複数人の刺客に[1]は，かなりの腕力や脚力，そして卓越した技が求められることになり悪戦苦闘したのは間違いない．

　またそこまでの過程では，時によって足をくじいてしまったり，体調を崩したりする者が出ることもあったはずである．この場合では，たとえばその者に誰かが救護役として付き添い，本隊が事を成し遂げ帰還するまで，その場で回復を期して待機させるか，あるいは付き添いと一緒にキャンプまでゆっくり帰らせるのが得策だろう．その者が次回の狩りでは大活躍するのかもしれないのだから．

　どちらかと言えばおとなしそうな草食動物をひたすら追いかけて仕留める，というと楽なイメージもあるかもしれないが，決してそのようなことはない．今見たように大変なことなのである．下手をすればこちら側に大きな損害が出ることも十分にあり得た．比較的楽になるのは，投擲器（アトラトル）や弓矢といった飛び道具が発明され実用化された近年以降のことである．それ以前では，ここで述べた程度の体制や戦略性がなければとても達成できるものではない．

（2）　持久狩猟と道徳性，分業

　前項で示した持久狩猟における行動は考えてみれば十分に道徳的である．いくら長距離走に適した体型とはいっても，当時の人類の誰もが苦も無く走り続けることができたというわけでもなかっただろう．

　獲物を追いかける本隊の中では，走っているうちに体力差があらわれ，速く走れる者とそうでない者との差がつくということは当然見られたと思われる．そうした場合は遅いものにペースを合わせるしかない．その時に遅い者を非難したところで，一時的にペースは上がるかもしれないが，結局は当事者の気持ちを萎えさえ却ってペースダウンとなるのがおちである．目的達成に向けてマイナスにはなっても決してプラスになることはない．遅い者に無用なプレッシャーをかけず，気持ちを切らせないように励ますこと抜きには，チームとしてその後いつまで続くかわからない長丁場を乗り切ることはとてもできない．

　同様に獲物を追い詰め仕留める段でも腕力や技術のある者とそうでない者の力量の差というのもあったはずである．力量不足によって獲物に致命傷を負わせる決定的な場面を逸して，結果さらに全体として余分な時間と労力をかけることになり，最悪取り逃がすことになってしまうというケースもあったことだ

ろう．だがこの場合も反省点を確認することはあっても，故意によるものでない限りミスをした当事者や技の稚拙さを非難したところで，やはりプラスになることはない．

つまりこの時代の持久狩猟というのは，我々の暮らす現代において至る所で見られる，メンバー全員が連携して事に当たり成果を生み出していく組織的な仕事や，チームスポーツなどのチームプレーと何ら変わるところはないのである．チームとして良好な成果を出すためには，その凝集性が高くなければならない．相手の過失や欠点を常に取り上げ相互に批判を繰り返すばかりだったり，アルファオスばりの強権者がメンバーの意見も聞かず全体を牛耳っていたりではそのチームは間違いなく崩壊する．

当時も中にはそのような集団もあったのだろうが，それらは生き残ることはできなかったはずだ．行動として道徳的な要素を具現できた集団だけが命をつなぐことができ，現在の我々に至っているのである．また持久狩猟では必然的に役割の分担がなされることになる．

今日の高度な産業社会を発展させてきた基本的な要素は分業だが，ホモエレクトスの時代にはその基本的な枠組みはつくられていたということになる．もちろん最初から上述したような規模で行われたわけではないだろうが，持久狩猟を繰り返す中で役割分担の定着とともに協力や扶助といった道徳的行動をとることができるようになったということになるだろう．

（3）　チンパンジーによる狩りとの比較

集団で狩りをするということのみで比較するのであれば，チンパンジーも時折それを行う．チンパンジーは基本的には樹上生活なので犠牲となるのは，主にやはり同じ生活圏に暮らすアカコロブスというチンパンジーに比べれば小さめのサルである．これを木の枝づたいに次第に追い詰め，最後は捕まえて切り裂き食べてしまう．

この様子は一見すると連係プレーのようにも見えるがそうではない．各自がそれぞれ獲物を捕まえようと逃げる方向に追ったり予想したりして結果的に追い立てて捕まえるという形になっているだけで，個々の役割分担も作戦も複雑なものがあるわけではない．熱帯雨林の樹上という限られた区域と行動範囲の中で，枝づたいという制約された状態で一定範囲しか動きしかとれないチンパンジーの狩りと，乾燥したサバンナを舞台に高速で疾走する獲物を追う持久狩

猟とは，条件において比較にならないほど難易度の違いがある．

　それにチンパンジーでは獲物を手にして肉を食べるのは最終的に捕まえた者だけである．ただし実際には多くの個体が寄ってきて「くれくれ」としつこくせがむので，仕方なく端切れを渡したり，あるいは隙を見てはしっこい者が一部をかすめ取ったりする．皆で積極的に分け合うということはしない（西田・保坂 2001）．

　そもそもチンパンジーがアカコロブスを狩る理由は，集団内外の関係による緊張状態が見られるときに起こりやすいという事例があるものの，はっきりとしているわけではない（保坂 2013）．森の中では狩りをしないと生きていけないほど食料資源が乏しいわけではないが，食料資源の確保を意図して他の群れの殲滅を図ったと思われる事例もあることから（ランガム・ピーターソン 1998），そのことも関係しているのかもしれない．

　人類の場合は，もともと食料資源に恵まれず捕食者の脅威にさらされるという厳しい生活環境の中で暮らすことを余儀なくされていた．その上豊富でもなかった食料が気候変動によってさらに減少していくのである．絶滅しないためには，できる範囲の中で極限まで方略を磨いていくしかなかった．それが集団での協調行動であり，必然的に相互に助け合う道徳的な行動をとらざるを得なかったのである．

　現在の我々ホモ・サピエンスと比べて脳容量が3分の2の当時のホモ・エレクトスに自覚的な心理特性として道徳性があったのかは分からない．だが結果的に道徳的行動をとらなければ間違いなく生き抜くことはできなかった．このことから考えれば，行動が先にあって道徳的な心理，意識は後付けされたと考えるのが妥当だろう．

　こうした過程を経て，道徳性を基盤とした分業システムはさらに複雑化し，高度な連系プレーができる社会集団が形成されていくことになったのである．

2．「何ができるか」による個別性認識

（1）　集団と個別性の認識
　前節で示したように持久狩猟は，複数のそれもかなりの大人数でチームを編成し組織的に取り組まないと成果を上げるのは難しいものだった．それを可能にしたのは相互に思いやり助け合う道徳性の進化である．そして，それを基に

して事に当たっていくことができた集団だけがホモ・エレクトスとして生き残ることができた．現代の我々が考えてみても，その過程や様子というのはかなり具体的にイメージできるだろう．

だが実際はそうたやすいことではない．我々がそのことを難なくイメージできるのは，現代の我々にとって協力性や道徳性を発揮することが当たり前になっているからである．何もない状態からいきなり道徳的な心理や意識が生まれることはない．

たとえば動物においても第1章で見たようにチスイコウモリは互恵的な利他行動をとっているといえる．だが，当事者がそれを意識しているのかといえば否定せざるを得ない．人類の場合は段階的に利他行動をとるようになり，それが自覚的な心理として明確に意識化できるようになったからこそ，今日に至るまでのさらなる進化が可能になったわけである．

したがって重要となるのは，どのような経緯でそれが意識化されるようになったか，ということになる．そのための前提の条件となるのは，集団メンバーの個別性の認識である．

多くの個体がいくつかの仕事に分化し，それぞれの仕事では皆懸命に同じ作業を繰り返して，集団全体の食料を確保し生活圏の安全も図る．これは第1章で取り上げたハキリアリの日常風景であり，アリに限らず他の社会性昆虫もまた同様である．これだけを見れば人類の社会活動と変わりがないようにも思える．決定的な違いとなるのは，相互の個別性の認識である．アリの世界では個体の区別というのは，個体群が担っている役割によってのみであり，女王を中心にハタラキアリなど数種類しかない．作業そのものを単純化し，その役割に特化する代わりに莫大な個体数を動員してコロニーを安定化させるというのがアリの戦略である．

そのためアリが相互に認識するのは仲間かどうかとどの役割を担っているか，だけで十分である．仲間かどうかは個体のにおいによって判断し，異なるにおいのアリが侵入するとその場ですぐに殺される．これらは個体認識という点では萌芽の段階といえる．

これに対し群れを形成し社会的な生活を送る動物は，草食肉食にかかわらず確実に個体として認識している．社会的動物は昆虫と比べ食料となる資源と体の大きさの関係で集団の個体数は圧倒的に少なくならざるを得ない．それでも食料資源が比較的豊富な場所も限られており，さらにその場所でも食料が無尽

蔵にあるわけではない．その中で各個体は基本的に自らの手で食料を確保しなければならない．

　こうした条件の下での円滑な配分が必要となってくる．その方略として進化したのが個体の認識であろう．つまり限られた食料資源をリアルタイムで誰が食べているのかということが分かるということである．ただし，それはたとえば「A 君がおいしそうに食べているな」というような悠長なものではない．個体認識はそのまま群れの中の順位認識だからである．つまり強いか弱いかである．

　誰かが食料資源を見つけると，群れ全体がそれにまさに群がるが順位が決まっているため，とりあえずはその配分はスムーズに行われる．分かりやすいのが霊長類だろう．特に食料を食べる順番に明確にあらわれる．各個体は集団での順位の通りにより良いものを自分のものにする．仮に順位を無視して上位の者より優先して食べるようなことがあれば，その個体は容赦ない制裁を受ける[2]．それでも群れに所属しないと結果的に食料にもありつけず衛生面でもメンテナンスができず[3]，さらには繁殖のチャンスもなくなるので，そこから離れることはない．

　考えてみれば道徳性を発揮するには相手が必要となることから，個体を認識することがその前提となるのは当然のことといえる．だが上述の通りそれだけでは道徳性とは直結しない．次に示すように，さらなる認識の深化が必要となってくるのである．

（2）　人類における個別性の認識と自覚的な道徳性心理の基盤
a　「〜ができる」者認識による道徳性

　霊長類の中の大型類人猿の一種である人類の場合も他種同様，順位の要素がないわけではない．だが他の動物同様それを優先した行動をとっていては滅亡への道を歩むしかなくなっていたので，それを凌駕する個体認識の能力を進化させたと考えられる．

　具体的には一人一人が独自に持っている性格や体力的，能力的な特徴を個別に認識することができるにとどまらず，それらを認識するにあたって個人がその時点で生活サイクルのどの過程にあるのかをも認識するということである．つまり諸能力がまだまだ未発達で成長過程にある若年者であったりとか，あるいは体力的なピークは過ぎているが，これまでの生活経験が豊富で集団全体に

対して有益な情報を知悉している老年者であったり，といったその個人の過去や未来を理解した上での認識である[4].

　したがってそれによって，自らの対応する態度も異なってくる．成長過程の若年者には「教える」という原則から厳しくあたることが多いかもしれないし，老年者に対しては一定の礼儀をもって接するかもしれない．

　しかしながら，このこともまた簡単にできるわけではない．ただ一緒にいればそれだけでテレパシーのように諸要素にわたる複雑な個別性の認識が可能になるわけはないだろう．危機に立たされた人類としては，行動を協働的なものと変えていくしか方法はなかった．協働的な行動というのは，一人一人もしくは複数人同士が異なる行動をとり，それらを総和するとより規模の大きいまとまったパフォーマンスとなるということである．

　重要なのは意識する内容や心理状態に関係なく行動そのものがどのようなものか，なのであり，極端にいえば仮に腹黒であっても協力的な行動を取り続けるのであれば，全体としてはうまくいく．

　このことから考えれば個別性を認識する上でまず必要なのは，その者が「何をすることができるか」であろう．何しろ食料を常に確保し，捕食者からの脅威から確実に逃れなければならないのである．誰一人としてのほほんとしているわけにはいかない．したがって全員一人残らず何かしら役割を担っていたはずである．上述したように持久狩猟では様々な役割を必要とする．

　またそれ以前から行われていた植物の採集や昆虫の捕獲についても，たとえばどこでいつ取れるのか，毒性はないかといった知識や的確かつスピーディーに採集や捕獲をする技術に応じた役割もあったであろう．

　この「何をすることができるか」に基づいた個別性の認識には，もう1つ重要な要素が関わってくる．端的にいえば道具である．たとえば先ほどの持久狩猟にしても採集にしても，メンバーは徒手空拳で遂行することはできない．それぞれの役割には概ね道具が必要である．しかも素材そのものはブリコラージュの通り，ありあわせの物であるにしても，道具として使うのであれば，その用途に合わせ威力を発揮し，しかも一定の耐久性がなければならない．

　だが道具があるだけではだめである．肝心なのは，それらの道具を使いこなせなければならないということだ．したがって「何をすることができるか」は「何が使えるか」をも加えることになり，そのことから個別性の認識は，たとえば「走るのが速いＡ」とか「武器が使えるＢ」といったものが基本となった

と考えられる．もちろん第2章でも述べたように人類は能力としての柔軟性，可塑性を持つので，いくつかの役割の中でもっとも適性のあるものを担当するという形であったろう．

　ただし，これらの個人が集まりチームとして狩猟や採集活動を行うことによって初めてそれぞれの存在意義が明確になることから，何ができる，何が使えるという認識は，あくまでも食料資源を得るという共通の目的を達成することが大前提である．

　このように一人一人が「～ができる」「～が使える」ということが明確になり初めて持久狩猟であれ植物の採集であれ，また捕食者からの防衛も成し遂げられる．基本的にどれか1つの役割が欠けても集団の存続に支障をきたすことになる．つまり相互に役割を果たすことが十分に期待できるという確信があって初めてチームとしての仕事に取りかかることができるわけである．そして協力行動によって得た食料資源は，それを通してメンバー全員の関係を強めたであろう．これらはつまり信頼関係である．

　この相手を信用するという関係こそが相手を思いやり困っている時には助け合うという道徳性の自覚的な心理の基盤となったのではないだろうか．

b 「～しない」者と「敵である」者たちの認識による反道徳性

　一方，「～ができる」ということが個人の認識となったということは，その逆もあるということになる．逆ということは「～ができない」である．ただし幼少期段階の者を除けば，病気やけがといった何らかの理由で「できなくなった」ということであったろう．したがって認識としては基本的には「～ができた」であり，「～ができる」と変わらないものだったと思われる．

　またやむを得ない理由で狩りや採集ができなくなっても，たとえば道具の作成やキャンプのメンテナンス等々雑事的な仕事はあったはずである．そうしたことも集団維持の上では必要な内容なので決してネガティブな認識とはならなかったと思われる．

　問題なのはできるはずなのに，「～しない」という者である．自分で意図的に役割を果たさず，もしくは果たすふりをして手を抜き，他者の労力による便益だけ享受するという，要するにフリーライダーである．こうした者は集団にとって何の利益もなく負担にしかならないので，いなくなった方がよい．本人に警告を与えながらも行動を改めない場合は厳罰を課したであろう．

　実際，ターンブル（1976）による現在のアフリカコンゴ民主共和国における狩猟採集民についてのフィールドワークの報告では，他の者たちと協力しようとせず，自分だけ獲物を横取りするような行為を行うものに対しては罰としてバンドから追放しようとした例が挙げられている．集団からの追放は狩猟採集生活では死刑と同じである．おそらくこの刑罰は持久狩猟が行われ始めた当時から行われていたであろう．[5)]

　そしてさらに問題なのは「〜しない」どころか自分たちの生存を危うくする者，つまり自分たちの集団とは異なる集団に所属し，資源獲得の競合相手となる「敵である」者たちである．上述したように1つの集団が全く単独で存在し続けるのは遺伝子多様性の面から難しい．そのため婚姻のための移動が可能となる範囲で複数の近縁集団が存在したと思われる．したがってそれらの集団同士においては，ある程度の資源の共有化つまり縄張りの重なりもあったということも考えられる．

　だがそれでも，気候の変動によって干ばつとなり食料の獲得があまりにも厳しくなるようなことがあれば，それぞれは互いに資源をめぐる敵同士とならざるを得ないだろう．ましてもしこれらの近縁以外の集団が資源をめぐって自分たちの縄張りに侵入してくるようなことがあれば，熾烈な戦いとなったはずある．この場合は集団として相互の交流があったわけではないので，個別性のない「敵である」者たちという外集団の認識のみである．そのため「敵である」者たちに対する態度というのは，狩りにおける獲物と同様，人間とは見なさないものであり，いくらでも残虐なことができたであろう．反道徳性を存分に発揮したわけである．

　ただし，証拠となるような化石，遺骨などが発掘されているわけではないので，こうした行動がホモ・エレクトスの時代からとられていたのかは分からない．だが原理から考えれば協力行動を極めて高度に進化させた人類が，資源をめぐる極限の状況に追い込まれれば十分に起こり得ることであり，その修羅場を勝ち抜いた集団だけが生き残ることができたのである．時代が下ればそれを証明するものは多く出土している．[6)]

　このように個人の認識は自分たちの集団内であれば「〜ができる」者ということでユニークな存在としての個人の認識となる．また「〜しない」フリーライダーにはネガティブな認識としての個人の認識となったことだろう．

　だが自分たちの生存を危うくする他集団の者たちに対しては，倒すべき「敵

である」者たちとしてのみの認識であり，ユニークな存在としての個人としては扱われず反道徳性を発揮する対象となった．

　実際，国同士の戦争は言うに及ばず，同じ民族，同じ国民同士でも相手を敵と見なせば平気で残虐な行為に及ぶのが人類であることは，あまたの報道を見ての通りである．この認識は厳しい自然環境を生き抜く過程で，人類に深く刻まれた性質となったのである．

（3）　人類にとっての集団の意義

a　集団への忠誠

　人類は厳しくなる自然環境の中での新たな食料資源の確保において集団としての機能を最大限に活用する方略で見事な成功を収めた．そのため集団の存在というのは人類にとってあまりにも大きなものとなり，自分の存在も集団があって初めてが明確なものになるのである．今日でもハイト（2014）が指摘しているように自分の所属している集団への忠誠というのはあまりにも当たり前になっている．

　現在の人間にとっての典型的かつ最適な集団の規模は，ダンバー（2016）によれば150人程度であるが，上述したようにホモ・エレクトスの時代であれ，それ以前であれ，移動可能な距離にいくつかの集団が偏在していたと思われ，時には狩猟採集の場で他集団のメンバーと遭遇することもあっただろう．

　そうしたことも考えれば自分がどの集団に所属しているのかということを内外に明示しておくことも必要となる．現在のようにIDカードがあるわけでもないので，体を見ればすぐ分かるように手を加えるといった方法が行われていたと思われる．実際古代から器具を使って頭蓋を意図的に変形させたり，近年までの支配階級において体の一部を変形させたりする習慣があった（吉岡1989）．だが簡単かつ比較的安全なのは入れ墨も含めた体へのペイントだろう．

　さらにはホモ・エレクトスの頃から火の使用が始まったと考えられているが，夜間に捕食者の脅威を避けるために現在のキャンプのような焚火も行われていたかもしれない．そうなると火を囲んで声を出したり踊りといった形で体を動かしたりといったことも次第に行われるようになったと考えるのが自然だろう．これらのペイントや発声，踊りは各メンバーの集団への所属感を一層強化し，メンバー相互の協力性や扶助性，道徳性を高めたことだろう．

　つまり他者への道徳的な心理というのは，ただそばにいれば自然と湧いてく

るというものではなく，ある目的を実現するために具体的な役割を持って共に行動し，しかもその行動というのは道具等を用いたり，あるいは相応の技術を要するような作業的行動だったりといった場合に，はじめて自覚的なものとなるわけである．つまり集団維持ための分業体制に基づく具体的な行動が媒介となっているのである．

　このような集団への忠誠は集団そのものが存続し続けるのが条件である．たとえば資源が枯渇し，集団のメンバーを養うだけの食料も維持できなくなるようになれば集団は崩壊する．またその手前の段階で上述したような少なくなった資源をめぐり他集団と競合するようになった場合には，命をつなぐために戦うことになる．他集団を殲滅する，つまり最悪皆殺しにするような場合も集団内において役割分担を行い，仲間を気遣うという道徳性を発揮しながら目的達成に向けて行動するということは，持久狩猟と何ら変わることはない．先ほど述べたように内集団には道徳性，外集団には反道徳性ということである．この性質は今日まで我々に連綿と受け継がれている．

　そして，こうした戦いの場ではなくとも反道徳的な目的を遂行する場は，今も昔もその構造は同じである．たとえば今日的なオレオレ詐欺などの特殊詐欺は実に卑劣な犯罪行為だが，それを推進している犯罪集団内では，役割分担や行動手順のマニュアルも完成されており，詐欺を働くという目的に向かって協力行動が推進されている．その意味では協力行動また道徳性というのは，集団がまとまってある目的を達成していくための機序であり，目的そのものは道徳的なものであろうがそうでないものであろうがかまわないのである[9]．

b　集団規模の拡大による意義の崩壊

　ただし，集団の規模があまりにも大きくなるとその意義は崩れ集団への忠誠も消え去ることになる．とはいってもそのシステム自体は管理，メンテナンスを綿密に行えば，そうそう簡単に崩壊することはない．よって規則や人事，報酬によって個人を集団に縛り付けておくことはできる．だが最重要となる集団としての目的や目標が規模の拡大によって曖昧になったり，一部の者の恣意性に染まるようになったりすると維持するのは難しくなる．

　そもそも人類の高度な集団化戦略というのはあくまでも集団の行動目標がメンバー全員に共有されていることが大前提である．メンバー全員が一人一人の役割を持ちながら協力し，1つの目標に向かって行動できるのが人類の最大の

長所といえるのである．したがってそれが崩れると問題が噴出するようになる．集団規模の拡大に伴う問題点については，次の2点が挙げられるだろう．

　1点目は地域集団の意義の消滅である．現代社会では地域という場所に人々は居住しているものの，共通の目的に対して協力行動をとるという伝統的な集団形態は，もはや存在せずただそこにいるだけという状態である．人類にとっての集団というのは，数百万年間続いた狩猟採集のためのものであった．

　だが生産手段の飛躍的な発達のため，土着的な地域集団にかつてのような目標に向かって協働する意義はなくなってしまった．その代わりに産業活動による生産組織集団がそれに代わるようになったわけだが，地域集団の無目標化は様々な問題を産むこととなった．たとえば住民相互の連携の希薄化は，地域での日常生活上の規範を低下させ，道徳性の育成に資することも少なくなった．また，イデオロギーや政策的な内容で容易に小グループに分かれ地域同士や地域内での対立をもたらしやすくなった．

　2点目は個人のアイデンティティの喪失である．自分の役割が集団全体の目標を達成するために役立っている，という自覚が個人としてのアイデンティティとなり，生きる意欲にもなるのである．自分の仕事が所属する集団にとってどのような意味を持つのが分からなくなれば，当然個人として自分の存在に疑問を持つようになってしまう．

　もちろん現代の企業や事業体組織はいくつかの分野や部署に分かれており，それぞれが半ば独立した存在となっているので，その意味では全体としての規模は大きくとも細分化された集団の目標が明確になっており，そこへの所属感があれば問題はない．だがそれでも自分の仕事が全体の歯車の1つに過ぎず，しかもスペアは他にいくらでもいる，という実態があるとすれば仕事や生活への意欲も湧くことはなく，結果的には所属する集団全体の目標達成も困難になる．

　このように現代社会では社会の規模が大きくなりすぎたため，集団に所属し目標に向けて自らの役割を果たすことで，個人として存在を確認するという人間の本性が等閑視されているのである．全体としての調和は図りつつも，ほどよい規模の産業組織集団や地域集団の存在が重視されるべきだろう．

3．道徳性教育への視点

　集団と道徳性との関係は集団への忠誠という面で，どちらかというと反道徳的な面の危険性が強調されてきた．近代における国民国家の形成が，人々に国という集団への帰属性を高めることとなり，結果としてかつてないほどの戦争の惨禍をもたらしたことは紛れもない事実である．警戒されても無理はない．

　実際，大学の授業内での模擬的な集団においてさえも帰属性を高め忠誠を煽るような働きかけをすれば，容易に排他的性格を帯びることを示した実証例もあり（田野 2020），集団と個人の関係は危険であることは間違いないといえるだろう．

　だがそれはそれだけ人間にとっての集団の存在の重要性を示しているわけであり，運用の問題ともいえるだろう．要は集団の目標を排他的ではなく愛他的ものとし，集団への忠誠を個人崇拝といった偏ったものとしないようにすればよいのである．他集団を敵を見なす性質が本性として人間に備わっているのなら，それをなくすことは無理でも緩和させることが教育の役割なのである．

（1）　学校行事や部活動での活用

　クラス集団を重視することは，以前より日本の教育の特色として継続されてきたものといえる．いわゆる「集団づくり[10]」として，クラスの絆を深める手段として運動会，体育祭や合唱コンクールなどの学校行事を活用するものである．人間の本性とすれば相互に個人が認識できる程度の集団規模で，一緒に歌ったり踊ったりするというのは，集団内の協力性，道徳性を高める大きな効果がある．そこまでいかなくとも，たとえば一緒に行進するだけでも同様の効果はあらわれる．こうした機会というのは今後とも重視すべきである．授業時数確保のためにこうした学校行事を削減するといった動きが見られた時期もあったが，人間の本性から考えればそれは逆効果といえるだろう．

　一方，クラスでの同生活年齢集団に対して異年齢生活集団づくりとして活用されているのが部活動である．異年齢ということもあり年齢的な上下関係は社会に出てからの企業等の組織集団に入るための訓練ともいえ，クラスとしての集団とはまた異なる絆を深める場となるものである．

　ただし注意しなければならないのは，集団としての明示的な目標はクラスで

あれ部活であれ「勝つ」ということになることである．それ自体は当然の目標ではあるが，それのみにとらわれ勝利至上主義になっては意味がない．あくまでも目標に向かって自身の役割を自覚し，それを果たし認められることが最も重要なことなのである．特に部活動では勝利することが指導者のあからさまな利得につながり，そのこと自体が目標となってしまっては，弊害をもたらすだけになってしまう．

（2）　授業における工夫

　自分たちとは異なる外集団を敵視しないようにするにはどうすればよいのだろうか．原理としては簡単である．外集団としてではなく自分たちと同じ内集団として見なすようにすればよい．だが言葉でいうほどそれは生易しいものではないだろう．「人類皆兄弟」という言葉を正しいとは思っても，それがそのまま行動につながるわけではない．

　では内集団として認識するにはどのような要素が必要となるだろうか．道徳科に限らず授業の中で取り上げるべき内容を一例を挙げながら次に示す．

　2019 年の報道によれば埼玉県の小学校において難民申請をして来日したクルド人子女に対する深刻ないじめが発生した．上述したように他者へのユニークな個別性の認識は道徳性の淵源というべきものである．だが見た目も言葉，習慣も異なる外国人に対して効果的な手立てもとらずに，放置すれば「敵対する者たち」という本性としての認識から排斥行動をとるのは目に見えている．

　コロナ禍が収まれば国内に入ってくる外国人がさらに増加するのは確実であり，各学校では同様の事態も起きかねないだろう．対策としては，学校に外国人が転入すると分かった段階で，即刻学校をその国地域と姉妹都市化することである．クルド人であるなら西アジア地域も含めての文化や歴史を授業や掲示物等で取り上げ理解を深めさせる．転入してきたら日本とは異なる文化を保護者も含め先生役として教えてもらうのである．

　どのみち今後の社会はダイバーシティの要素が欠かせないのだから，これ幸いとそれを先取りする形にするわけだ．こうした取り組みはそれなりに内外の注目を集め，参考にということで参観者も多く訪れるかもしれない．そうなれば，あまり乗り気でなかった児童生徒や保護者も先進的な取り組みを進めているという認識を持つようになり，学校に対して信頼と誇りを持つようにもなるだろう．

こうした取り組みをスムーズに進めるためには，社会科を中心とした平素の授業の中で，異文化地域また歴史の中の普通の人々の現実感ある暮らしの様子を学習することが重要である．たとえば地理学習においてどの国がどこにありどのような気候でどのような産業があるかといった，また歴史ではいつどこで誰が何をしたといった概説や通史的なものだけでなく，このような環境で育ったＡさんがこのような社会情勢の中でこのようなことを行った，という内容の教材である．その話の中で関わる地理的歴史的な事項も併せて学習するのである．この意味では道徳科と社会科を融合した内容といえるかもしれない．

終 わ り に

道徳性は我々の社会にとって不可欠なものであり，あまりにも当たり前の感覚となっている．実はこのことは，個人にとっていかに集団が重要なものであるか，ということを物語っていることになる．その意味では集団と道徳性は同義であるともいえるだろう．集団の中で一人一人に役割と責任を持たせ，共通の目標に向かって邁進するという原理を教育の場でも基盤とすべきである．

ただし学校の中でのそれぞれの役割というは，児童生徒に勝手に任せるのではなく，意図的にその経験を積ませるという観点が重要である．仮に力量不足であっても陰の教師のバックアップによってやり遂げることができれば，児童生徒にとっては大きな自信となるだろう．

一方，反道徳性は誰もがネガティブにとらえてはいるものの，外集団を敵と見なす本性としての性質は根深いものであるため，すぐに何気ないことを契機として頭をもたげる．このやっかいな性質は，結局は外集団を内集団化する，つまり個別認識をさせることでしか克服することはできない．

どこの誰であっても生まれてこのかた独自の物語を背負っている．それを理解すれば容易にそれを侵害しようとは思わないものである．そのためには，その物語を知識として理解した上で，共に仕事をし，共に歌い共に踊る，というように人類がかつて道徳性を育んできた行いをなぞるしかないのである．

註
1）この頃の道具として発掘されているのは第1章でも挙げた石器のハンドアックス（握斧）であるが，これは仕留めた後の肉の解体用であったと考えられるため，狩りの道具

としては使えるものではなかった．やはり木か動物の骨を使った丈の長いものを用意したのだろう．

2）ただし通常劣位個体の者でもいったん口に入れた食料は，上位の者が奪うということはない（山際 2007）．

3）寄生する虫などを相互にとるグルーミング（毛繕い）は心理的に安定させるものでもある．

4）こうした年齢の意識はチンパンジーなど大型類人猿も持っているといえる．だがそれはやはりアルファオスをめぐる競争や嵐の中で，強靭な体力を持っているかどうかが重要な要素となっている．

5）狩猟採集民における刑罰という関連でほかに例を挙げれば，オーストラリア北部のカカドゥ国立公園の中にある先住民の遺跡の中のロックアートにはウーメラと呼ばれる投擲具で人間に対して制裁を加えている図が残っている．これは刑罰を受けるものに背を向けさせ，距離をとって何名かがそれを取り囲み，そのふくらはぎを狙って一人だけがウーメラを放つ．これはふくらはぎを狙うので死には至らず，また誰が実際に放ったのかを不明確にするための方法である．ウーメラについては現在のアボリジニ社会においてもその道具と使用の伝統は受け継がれている．アボリジニの古老の話によれば，この投擲具は殺すために使うわけではなく，「仲間が見ている前で傷を与え，痛みと恥の気持ちを味わわせ，二度と同じ真似をさせないようにする，いわば教育的行為のためのもの」であるということである（NHK 取材班 2012）．

6）たとえば Lahr et al. (2016)．

7）この部分の執筆時においては，ミャンマー軍の同国市民に対する残虐な弾圧の実態が連日報道されていた．

8）1991 年にアルプス山中で発見された 5300 年前のミイラである「アイスマン」には背中と足首に傷をつけて煤をすり込んだ入墨が 14 か所あった．

9）この点については同様の指摘が複数ある（たとえば中村（2003））．

10）日本の戦後教育の歴史の中で，1950 年代半ばから全国生活指導研究協議会（全生研）が集団主義教育を提起した（松下 2012）．

文献

Lahr, M, M. Rivera, F., Power. R. K., Mounier, A., Copsey, B., Crivellaro, F., Edung, J. E., Maillo Fernandez, J. M., Kiarie, C., Lawrence, J., Leakey, A., Mbua, E., Miller, H., Muigai, A., Mukhongo, D. M., Van Baelen, A., Wood, R., Schwenninger, J-L., Grün, R., Achyuthan, H., Wilshaw, A., Foley, R. A. (2016) Inter-group violence among early Holocene hunter-gatherers of West Turkana, Kenya. *Nature*, **529**, 394-398.

NHK スペシャル取材班（2012）『ヒューマン』NHK 出版，p. 161.

田野大輔（2020）『ファシズムの教室』大月書店.

ターンブル，C. M.，藤川玄人訳（1976）『森の民』筑摩書房，pp. 91-92.

ダンバー，R.，鍛原多恵子訳（2016）『人類進化の謎を解き明かす』インターシフト，pp. 63-90.

中村秋生（2003）「組織における反道徳的行為：人は何故，悪と知りつつそれを成すのか」『共栄大学研究論集』**1**，41-60.

西田利貞・保坂和彦（2001）「霊長類における食物分配」，西田利貞編『ホミニゼーション』京都大学学術出版会.

ハイト，J.，高橋洋訳（2014）『社会はなぜ左と右に分かれるのか』紀伊国屋書店，p. 310.

ヘンリック，J.，今西康子訳（2019）『文化がヒトを進化させた』白揚社，p. 120.

保坂和彦（2013）「野生チンパンジーの長期研究から見えてくるもの」『生物科学』**64**(2)，76-84.

松下一世（2012）「「集団づくり」論の推移──人権の視点からの再考──」『佐賀大学文化教育学部研究論文集』**16**(2)，1-10.

山極寿一（2007）『暴力はどこからきたか』NHK 出版.

吉岡郁夫（1989）『身体の文化人類学』雄山閣出版.

ランガム，R.・ピーターソン，D.，山下篤子訳（1998）『男の凶暴性はどこからきたか』三田出版会，pp. 15-42.

リーバーマン，D. E.，塩原通緒訳（2015）『人体六〇〇万年史（上）』早川書房，pp. 133-134.

第4章
交換には道徳的な意義がある

はじめに

　利他的な行動をとることによって生物の包括的な適応度は上昇する．つまり利他行動をとる個体が子孫をより多く残すことができる．人間の場合は適応度を上昇させる行動を促していく生体機構的な方略として感情の認知が進化することになった．人のために尽くせば満足感が得られるのである．

　では，何をもって人に尽くすのか．もちろん困っているときに助け合うのである．数百万年間人類は相互に助け合うことによって種を存続させてきた．その後，人類は文明を発達させることによって食料資源を潤沢なものにし，様々な外敵から身を守る術を身につけるようになった．有史以前の状態から比較すれば格段に生きていく上でのリスクを減少させることができたのである．しかし反面，直接利他性を発揮する機会，つまり助け合いはそれに反比例して質的にも量的にも減少することになった．[1]　もちろん相互に協力するという意味での助け合いは減るどころか大幅に増えたであろう．ただしそれは個人同士の助け合いというよりもシステムを通してのものであり，間接的な助け合いである．

　それでも利他行動による道徳的満足感はいわば本能として備わっており，その快感情を人間は常に求めているといえる．その意味で文明期以降は利他性を直接発揮する機会が減少した分を違う形であらわすようになった．それこそが物品生産後の交換である．物質文明は道徳性希薄化の主要因ともいえるが，物品の交換抜きには成立しない．交換に単なる取り引き以上の道徳的な意義があるとするなら，それについての分析を行い，現在の物品の生産と販売，購入といったシステムのあり方を再考すべきだろう．

1．利他行動の進化と交換

　生物の利他行動はまず血縁淘汰として進化上見られた．血縁度が高い個体ほ

ど利他行動をとった方が自分の遺伝子を子孫に伝える確立が高くなる（Hamilton 1964）．親から子への無償の愛だけでなく，ハチやアリに見られる利他行動までこれによって説明することができる．

そしてさらに血縁関係になくても他の個体に利他的にふるまい，その後にその個体から逆に恩恵を受けることになるのであれば，その時点では適応上の損失があっても長期的には適応度は上昇することになる（Trivers 1971）．

この互恵的利他行動はどの生物にも見られるわけではないが[2]，人類の進化にとっては大きく影響したものと考えられる[3]．互恵的利他行動は相互扶助を行うことによって個体の存続と繁殖に有利な結果が得られるので適応度が上昇し進化することとなっていった．

結果的に個体にとって有利になるということは，利他行動の目的はその見返りを期待するということになる．もちろん人間はいざというときに人を助ける場合，多くは純粋な気持ちから行動を起こすのであり，その見返りを意識するようなことはない．またそれをあからさまに表面に出すようなことがあれば非難の対象になることは間違いない．

自らの利得の享受を全く受け入れないで利他的な行動をとる個体は，それを一方的に受け取るだけのフリーライダーの餌食になるだけで，やがては絶滅してしまうだろう．相互の扶助が生得的に身についているために意識しないで「困ったときはお互いさま」と人助けができるのである．

この点では真の目的が意識にのぼらずに行動を起こす自動性があることになり[4]，この場合行動を起動させる自覚的な認知状況は感情の高揚となる．また，意識しないということは本来の欲求を意識に上がる前に潜在化させる自己欺瞞のあらわれの１つであるということもできる（スミス 2006）．

これらのことから考えると利他性は相互的な関係上のものであり，一方的な利他行動というのはあり得ない．つまり利他行動は交換なのである．そして，利他行動を相互に行ってはじめて互いの利益拡大が図られるノンゼロサムゲーム[5]が成立し，道徳的満足感を味わうことになる．

これに対して相互の利益を拡大し合うということについて，現代社会の諸問題を市場経済がその支配力を失いつつある兆候であると見なしたポランニー（2004）は，本来の普遍的社会である非市場経済社会における社会経済行為のパターンの基礎の１つとして互酬（reciprocity）を挙げている．互酬とは血縁的関係や友人関係における社会的義務となっている贈与行為であり，それを支えて

いるのは「どんな社会にも固有のそれなしには社会が成り立たない善意」であり「相互の好意的態度が互酬を伴う」としている．この善意とは利他性による道徳感情であり，好意的態度とはやはり利他行動ということになるだろう．

　こうしたポランニーの見解に沿って考えるなら，人間社会を発展させてきた大きな要因である経済行為の基盤となるのは本来は個人の利他性であるのだが，現代社会では経済システムがあまりに巨大化複雑化したものになり，個人の利他性が除外される形となってしまったために様々な問題が生じているということになるだろう．この意味でも現代社会の道徳的な問題を扱っていくには，交換の意義を再考し分析を試みることが必要であるということができる．利他性，道徳性の観点から交換の種類を段階的に挙げると，以下に示すように行為の交換，感情の交換，物品の交換の3つとなる．

（1）　行為の交換

　人類が進化上最初に行ったのは男女間の行為の交換であると考えられる．男女の協力性については第1章でも述べたところだが，協力するには双方にメリットがなくてはならない．男女とも納得できる行為の交換を行うようになったということになる．

　人類は太古の昔，気候変動の結果により樹上生活から地上に降り立つことを余儀なくされた．その際にはこれまでも述べてきたように高度な集団化を図ることによって対処することとした．地上での大きな脅威は当時の剣歯虎類（サーベルタイガー）に代表される強力な捕食者の存在である．そのような捕食者を発見し次第，すぐにまばらに生えていた木の上に避難しなければ，あっという間に自分が獲物となってしまう．となると集団の中である個体が捕食者を発見した場合，その個体がどのような行動をとるかということは種の存続にも関わってくることになる．発見しても何もしないのであれば，捕食者の餌食になるのを待っているだけなので適応的ではない．また発見した自分だけが逃げてしまえば自分は助かる可能性は大きくなる．だがそのようにしていれば集団は崩れ，集団でいる意味はなくなってしまう．そこで，自らが犠牲になることを覚悟で危険を群れのメンバー全員に知らせることになる．

　上述したようにケニアからアンゴラに生息しているベルベット・モンキーは自分たちの天敵であるヒョウ，ワシ，毒蛇が近くに来た時には，それぞれに対応した種類を使い分けて警戒音を発している．これは自らリスクをおかして他

のメンバーの利益を確保することであり利他行動である．特定の個体に対してではなく集団全体に対してのものであり，どの個体であっても同じことをするという間接的な利他行動の交換であるということができる．人類の祖先においてもこのことは同じであったろう．

では直接の利他行動の交換はどうであろうか．たとえば「僕の背中を掻いてくれれば，お返しに君の背中を掻いてやろう」といった具合である．上述したように野生の生物でははっきりとした形での互恵的な利他行動，たとえば食料資源の交換といった様子はなかなか見られない．これは人間以外の種では食料という資源はあまりに貴重なものであるので，交換する余裕がないということなのかもしれない．[6]

人類では今から700万年前頃から400万年前頃にかけて樹上生活から地上生活に移行した．地上では捕食者の脅威と並んで食料資源の確保が死活問題であった．初期人類はもともとの身体的特質であった2足歩行を次第に洗練したものへと進化させ，手で地上に落ちているものを拾ったり地中から掘り返したりして食料資源を手で抱えて家族のもとへと運んだと考えられる．これは主に男性の仕事であり，女性もある程度は確保しただろうが育児の関係から遠方まで出かけるのは難しかっただろう．

こうなると利得を主に享受するのは女性だけのようにも思われる．この点について Lovejoy（2009）は，女性は食料を得る対価として男性の望む性行為の機会を提供したのではないかとしている．文面だけを見て現代にあてはめると非常に問題となる内容だが，あくまでも見た目はチンパンジーやゴリラとさほど変わらない時代のことであることを確認したい．

これはつまりは男女の繁殖上の戦略の違いによる結果である．繁殖に関して女性の方がはるかにリスクが高くコストもかかるため女性は安定した資源と身の安全の確保を求めることになる．これに対して男性は繁殖上のリスクが低く本来的にはコストもかからないため，その機会確保を求めるのである．この双方の折り合いをつけたのが食料との交換ということになる．

食料の交換は繁殖システムの方略とも密接に関連して一組の男女の絆を深め，一夫一妻的なものと男女間の分業システムを定着させていったと考えられる．結果的に男女の繁殖のためのコストは平均化されることになり，そのことが種としての存続を可能とした要因の1つとなったと考えられる．

この交換は食料と性行為ということで，それぞれは異なる内容である．その

後人類は男女間に限らずたとえば物と労力の交換，またある異なる労力と労力の交換といった形で行為の交換の形態を発展させていったであろう．

（2）　感情の交換
a　表 情 認 知
行為の交換に行うことによって個体にとっては生存により有利になった．この行動に自動性を持たせることは適応上有利になるので，人間に利他的な満足感という快感情，つまり自覚的な道徳性が進化していったものと考えられる．そして，いったんこの快感情が身につくとそれが目的化して行動がとられることになる．つまり道徳的な満足感は打算ではなく，金銭で買えるものでもなく，それ自体が純粋で崇高なものである，と認識しそれに応じた行動をとるということである．

ただし，上述したように一方的な利他行動は適応度を上げることにはならないので，自分の利他行動に見合った利得を自分が得ないと，つまりお返しがないといったん成立しかけた満足感という快感情はたちまち怒りに変わってくることになる．感情は基本的には行為によってもたらされるのではあるが，感情が目的化していくことによって行為をそれほど伴わない感情の交換が行われるようになっていったと考えられる．とはいっても感情そのものは外から分かるものではないので，それが何らかの形で表出したときに認知することになる．そのため人間は相手の感情を読み取る認知機能も進化させることになったのである．

その1つは表情認知である．人間は実に多くの人間の相貌を見分けることができる．これは利他行動への見返り行動をしないフリーライダーを見つけ逃さないための「裏切り者検知能力」の脳内モジュールが進化したためと考えられる（Cosmides & Tooby 1992）[7]．現在の我々の感覚でも金銭，物品また労力や心情的なものでも一方的にこちら側から提供しただけで，その見返りがないのであれば，激しい怒りの感情が相手の相貌とともに湧いてくるはずだ．

そしてさらに，人間は相貌だけでなく微妙な表情の違いによって相手の感情を読み取る表情認知をも進化させた．顔のつくりのごくわずかな筋肉の動きや状態の違いによってかなり正確に相手の心的な状態を理解できるようになったのである．

これらのことから相手が自分に好意や感謝の念といった利他的な感情をいだ

いている場合は，表情から認知することができるようになった．相手の利他的な感情を認知すればこちらも同じ感情を持ち，それはやはり表情に表出する．こうした手順によって感情の交換はなされ，満足感を得るようになったと考えられる．

b 言語の進化

　もう１つ感情の交換を促進したのは，いうまでもなく言語の進化である．人間の言語機能がどのような経緯で言語が発生したかということについては諸説あるが，ダンバー（Dunbar 1996）が主張したような集団維持のためのグルーミング（毛づくろい）の代用として，あるいは脳内で発話を担当しているブローカ野は手や指を動かす役目も果たしている（リドレー 2004）ことから，身振り手振りから進化したものである，といった説が有力である．

　そして遺伝子レベルでは，脊椎動物に多く見られる FOXP2 遺伝子が人間の場合は突然変異によって発話の機能を獲得した可能性が指摘されている（Fisher et al. 2002）．この言語能力の進化によって人間は心の中をより簡単に自由に表現できるようになった．だが一方で言語の進化は，フリーライダーの跋扈をもさらに可能にするものともなった．要するに口では何とでも言えるのである．いかにも利他的な感情を持っているように装いながら，実際には自分だけが便宜を受ける嘘つきがのさばるようにもなったのである．その点で言語の進化は人間の利他性にとっては諸刃の剣であったということになる．このため，一層人間の表情認知は研ぎ澄まされていった．

　現在でも我々の日常の生活の中では，言葉で何と言おうがそれに見合った表情，また言葉の発し方が伴っていなければ，まずその言葉は信用されない．「目は口ほどにものを言う」のである．この点から考えてみれば，記号としてだけの言葉のコミュニケーションであるネット上の SNS は感情を認知する決め手を欠くものであり，相手の真意を見抜けず多くの人が様々な被害に遭いやすくなるのも当然であろう．また同様に感情認知が不可能なためそれを補うものとしてメッセージに顔文字やスタンプをつけることが流行しているのだろう．

　そのような問題があるにしても言語の進化によって感情の交換はより容易になり，感情の交換を前提にした言葉の交換も習慣化することになった．たとえば，「こんにちは」などのあいさつ，「ありがとうございました」などの礼儀などは言葉の交換が当然であり，あいさつをしたのに何も返ってこなかったとき

は，誰でも不快な思いをするはずである．こうしたことがもはや本能として身についているのが人間なのであるから，教育上あいさつやお礼を言うといったことを習慣化させることは大変重要なことなのである．

（3）　物品の交換

a　利他性のオルタナティブとしての物品生産

　これまで述べてきたように，人類の長い進化の過程で利他性は交換によって強化されてきた．そしてその過程で人類にとって利他性という道徳感情は人間性の証であり，生きていく上でなくてはならないものとなった．その後，今から 8 〜 7 万年前ほどになると文明の萌芽が見られるようになり[8]，1 万 2 千年前になると農耕と牧畜が行われるようになった．これにより食料は概ね増産され，それを境に文明は爆発的に発展することになった．

　そして生活スタイルが移動生活から定住へと移ることによって村や都市が生まれ，人間が周辺の環境を変えたこともあり，捕食者としての外敵はほぼ存在しなくなった．人間の種としての存続は極めて安定するようになったのである．ところが冒頭で述べたようにそれに比例して人間の直接の利他行動の機会は減少することになった．

　石器時代の生活であれば食料資源の調達と外敵から身を守ることだけで生活の大半を占めており，生命を長らえるだけで精一杯であった．したがって生きていくための日常的な助け合いは，その機会も多く誰にとっても必要なものであった．ところが文明が発達するようになると，食料調達の仕事はさほど危険を伴わないルーティーン的な農作業が中心となり，捕食者から身を守る行動もほぼ必要なくなった．そのため直接の利他的な助け合いの機会は格段に減少し，人を助けたいという本能があってもそれを発揮することがなかなかできなくなってしまったのである．

　だが利他性が本能として根付いている人間にとって，それは発揮しないではいられないものであり，また集団の形態が以前とは異なる形となったものの協力行動なしに社会を維持していくのは困難である．そこで直接の利他行動のオルタナティブとなったものこそ，他人との交換に耐え得る物品やサービスの生産ではないだろうか．考えてみれば人間も生物である以上，本来採食行動と繁殖，つまり食料と性行為，育児が安定していればそれで十分なはずである．

　しかし実際にはどうであろうか．育児はともかく，ただ「食ってセックスを

する」だけで人間は満足するであろうか．そして，それを一般的に人間的と見なすだろうか．自分の生き方はどうあるべきなのか，自分は毎日何をすることで生きがいを感じるのか，といったことを真剣に考え，時には呻吟するのが人間であろう．そして，自分の生き方を示し生きがいを感じる行為というのは何かを創り生産することであるはずだ．それも可能な限り立派なものを，である．やっつけ仕事でいい加減なものを作っても本来的な満足感は得られないだろう．

b 「職人気質」と道徳性

　人間は行動を起動させ，認知上の煩瑣な作業を簡略化するために感情を進化させた[9]．その中でも保全と繁殖に有利な行為を自動的に促す利他性による道徳感情を特に重要なものとして進化させた．したがって道徳感情を認知することが人間が満足して生きていく上で欠かせない要素である．そして，その日常的な具体的行動が現代においては物品やサービスの生産活動ということになる．

　実際，職人的な気質で熟練した腕を振るって見事な作品を創り上げたとして，それを誰にも見せずこっそりしまい続けるということはまずないだろう．人々の前にそれを出して自分が必要なものと交換するのである．自分の作品が高く評価されれば得るものは多くなるし評判が高まることになる．評判が高まる，信用されるということはそれだけ資源を確保することが容易になることであるのだから満足感が得られるわけである．

　ただし，実際には人はそのようには思っていない．自分の作品が評価され評判が高まれば，それだけでうれしいのである．現実的な面は意識されないように自動化されている[10]．そして自動化されたそのうれしさ満足感というのは純粋なもので，道徳的なものといってよいはずだ．まじめにこつこつと努力してきたことが花開いたのであれば，そのこと自体が道徳的であると人間は感じるのである．

　さらに自らの作品を交換するときの喜びはそれによって得られる資源から由来するものだけではない．他人に提供したときのその相手のうれしそうな表情，満足した様子を見て人はまた充実感，満足感を得るのである．こうしたことが人間としての生きる喜び，醍醐味を味わうことになる．そのことは人を助けたい，人のために尽くしたいという利他性と実は直結しているのである．いわゆる職人気質は，実直で曲がったことが嫌い，嘘いつわりのない真正直さという意味合いがあるはずだ．これは物品の交換が利他性のあらわれであるからに他

ならない．

　しかし，現代社会では利他性発揮の機会としての交換という意義は無視され，ただ量的な拡大を図る生産活動に終始している．教育も現実にはそれに即した形になっている．ポランニーも指摘しているように，本来の人間社会は互酬の形態，つまり作り手が分かる交換を行うものであった．それを歪めてしまったために，非道徳的な問題が社会のいたるところに噴出してしまっているといえるだろう．

2．資源の所有と道徳性

　物品を交換するには，それに堪え得る品質のものをつくり上げる必要がある．そしてそれを交換によって手に入れた場合は，それをさらに交換に利用することもできる．交換というよりも所有を移転させることによってより多くの資源を確保できるのである．そうなると交換や移転に値する物品を多数所有すると富につながる資源を所有することになる．また物品を生産するには原材料が必要であり，それを多く確保することが資源を大量に所有することになる．物品やサービスの生産活動が盛んになってくると，こうした資源の所有はその多寡によって暮らし向きが左右されることになった．持つ者と持たざる者との格差は現在大きな問題となっており，利他性を保証する交換の本来的な意義をかき消してしまっているといえる．

　この節ではこの問題の解決へ向けて示唆するものとして，現在もかつての生活スタイルを色濃く残す伝統的な社会の構造を通して考察する．

（1）　伝統的な社会に見られる富の所有

　東アフリカ，ウガンダにはドトス，ケニアにはトゥルカナといった牧畜民が暮らしている．これらの牧畜民には，レイディングという家畜の略奪を目的に徒党を組んで出かける行為が見られる（河合 2009）．このレイディングは数十人単位で武器も携行する場合も多く，略奪時には武力の行使も辞さない．

　しかし，一見したところでは戦闘のように思えるこの行動は，明らかにそれとは異なる様相を呈している．まず，略奪は家畜数の不足や婚姻時等でより多くが必要になる場合に行われるが，あくまでも家畜の略奪のみが目的であり，他部族集団に危害を加えることではない．そのため被略奪集団では，家畜が略

奪されたことは嘆くが，略奪集団に対して恨みを持つことはなく，報復をすることもない．むしろ略奪をせざるを得なかった事情を慮ることさえあるという．略奪を行う集団構成は，その部族全員による場合もあれば，参加するもしないも自由であり目的達成のための意図的なものではない自然発生的な場合もある．このような特徴から，レイディングは交易の原初形態ではないかという見方もある（河合 2009）．つまり古代においての海賊が生業の不足分を補う兼業形態で行われていたのと同じということである．

　次にニューギニア島での例を見てみよう．ニューギニア島は現在，東側が独立国としてパプアニューギニア，西側はインドネシア領としての西パプアとに分かれる形になっている．沿岸部は早い時期からヨーロッパ人が訪れていたが，長らく高地地域に住む人々はいないと思われていた．ところが，今世紀に入り高地にもヨーロッパ人が足を踏み入れるとともに，そこに暮らす人々の存在が明らかになった．[11] これらの人々はこれまで外部との接触は一切なく，石器時代のままの生活を維持していた．

　パプアニューギニアでの現地調査を長年にわたり行っているダイアモンド（2013）によれば，ニューギニアを含めた伝統的な小規模社会での取引の特徴を次のように説明している．重要な点は取引する場合貨幣を仲立ちにせず，また取引する物品の授受が同時とは限らない．一例を現代の我々の生活にあてはめて示せば，「新車がほしくてやってきた客が，いつかこの新車と等価の贈り物をするから自分を信用して，今はこの車を自分に渡してくれ，と販売担当者に告げておいて，新車に乗って走り去る」ことが当たり前なのである．もちろん，その約束は守られる．それが履行されないことになれば，その当事者は社会から厳しく指弾を受け，生きていくことはできなくなる．しかし，それが実行されるのがいつとはいえないのである．

　またインドネシア領西パプアの高地にそれまで現地部族の人々以外と接することのなかったファユ族と，10 年にわたって現地で生活をともにして調査を行ったキューグラー（2006）の報告では，「もし誰かが何かをその辺りに置きっぱなしにして，特に注意を払っていなかった場合，それは持ち主にとってあまり価値がないという意味であり，見つけた人が所有権を持つ」．その所有権を無理やりあきらめさせるようなことがあった場合には，その代わりのものを戻してやる義務がある，ということである．

　さらに場所は変わるが，アマゾン奥地に住むヤノマモ族においては常に戦争

状態にあるといってもよいほど族内外での殺戮行為が頻繁に見られるが，戦闘状態を平和裏に解決する手段としてとられるのは相互の生産物の交換である（Chagnon 1992）．このことは「交易は政治によって生まれる結果なのではなく政治を生む原因」（リドレー 2000）であることを示しているといえる．

（2）　所有と移転についての考察

以上の研究や報告例から考えると，伝統的な社会における所有やその移転としての取引というのは次のように捉えられているといえるだろう．

まず，資源の所有というのは，相互了解的な意味合いがあるということである．つまり生活に必要なものは誰でもそれなりに持っているのが当然であり，資源の個人所有というのは社会の成員の相互の了解のもとに認められているということである．そのため誰でもそれなりに持っているということは，誰かが著しく不均衡に多くの資源を所有していることはない，ということになる．もしそのような傾向が見られたら，周囲がその者に贈与を求め，均衡へ向かう．

そして，モース（2008）が『贈与論』で説明したように物品や動産不動産はその内容，性質を問わず，単なる「もの（タオンガ）」ではなく，所有者のさらには自然界全体の霊性（ハウ）を現実世界にあらわしているものとして捉えられているということである．

したがって所有が移転する取引は，単に「もの」が移動するわけではないということになる．霊性を帯びたものの所有が変わるというのは，よほどその者同士の人間的なつながりが強固でないと実行できないことであり，その紐帯を強さを内外に示すことにもなるのである．

丹野（2005）は 1987 年にアフリカコンゴ，アカ・ピグミーのバンドで行ったフィールドワークについて次のような報告をしている．一人でフィールドワークを始めて次第にキャンプの人々と顔なじみになってくると，丹野のところへも食料が配給されるようになった．丹野がその都度「ありがとう」と言うと，バンドの長老から「与えるのは当たり前なのだからありがとうと言うな」と注意されたという[12]．また丹野がたばこを吸っているとバンドの一人がいきなり「それをくれ」と要求された．唐突とも思えるが，その行為はバンドとして人間同士のつながりを認めたということになるわけであり，要求された側もその関係を受け入れるのであれば，そのたばこは贈与しなければならなくなる[13]．

こうした所有の移転の形態はこの例のように贈与でもあり，それを強硬な形

にすれば略奪ということにもなるだろう．強制的な略奪と自発的な贈与とでは移転の性質が異なるようにも思われるが，略奪しておいて部族間の戦闘に発展することはないということは，隣接する部族間の紐帯を認めているからであり，本質的には同じ意義があるといえるだろう．

　伝統的な社会では資源は決して豊富にあるものではなく，不足することも珍しくはなかったはずである．そうした場合，広範な社会全体が絶滅に瀕するほどの大規模な資源の枯渇となれば別だが，そうでない限りは，結局は少ない資源を融通し合うのが得策であろう．外部と接触のなかった小規模社会において，生き残りのための方略が贈与や略奪として今日まで続いているわけである．そして，それは互いを信頼し合える人間関係が根底にあるからこそ可能なのである．

　翻って現代社会ではどうであろうか．資源は匿名性の高い商品として扱われ，そこでは霊性は完全に捨象されており，売買における人間同士のつながりもほぼ消えている．そのため，現代の商取引は貨幣を仲立ちとしてその場で瞬時に交換を行わなくてはならない．貨幣を持たない者は商品を手に入れることができず，最終的には飢え死にすることになるのである．たとえその者に仕事を十分にこなしていく能力があったとしても，である．こう考えると人々が生きていく上では，伝統社会の方がよほど好都合なのではないかとさえ思えてくる．現在社会にも伝統社会の知恵を取り入れ，生かしていくことが必要なのではないだろうか．

3．道徳性教育への視点

　ここまで行為，感情，物品という3つの段階の交換及び物品の交換と関連して伝統社会における資源の所有と移転について，その内容と意味を述べてきた．道徳性教育の立場から考えた場合，これらのことから導き出される人間の本質から考えるならば，必要とされるその内容は自明であろう．他人との交換に耐え得るような物品やサービスを創り上げる能力を開発し，熟練度を上げていくことである．

　現在の文明社会では日常的行動としては生産と交換が非明示的ではあるが，最も一般的な利他性が発揮され道徳感情が自覚される機会となっている．そして本来的にはそのことが人間ならではの生きる喜びとなるのである．もちろん

どのようなものを創り上げていくことがそれぞれの個人にとって最もよいのかという適性は，社会がその準備段階となる教育環境を十分に提供した上で自らが見出していかなければならない．つまり初等段階の一般教育は欠かせないものである．だがその後の段階では，自分なりのものを実際に創り上げていくことに特化した教育に重点が置かれるべきである．こうした交換可能な技能を磨くことそれ自体がそのまま利他性を伸ばしていくことに，つまり道徳教育になるのである．

　現実的に考えれば機械化，OA化が進んだ現代社会にあってまるで中世のような職人を養成するようなこうした教育の方針などというのは時代錯誤である，という指摘を受けるかもしれない．しかしながら，人間が進化上獲得してきた性質に反する社会体制であるために多くの社会問題が深刻化しているのである．大量生産という人間の生存を保障する技術的進歩を土台にしながらも，伝統的社会が資源の所有の偏りを是正する知恵を働かせてきたように，生活する上での基本財所有の平準化を図りながら，安心して自分らしさを発揮する専門的，職人的な仕事に取り組んでいくことができるような社会体制を構築していくべきだろう．

　一方，交換の意味から現在の教育制度の枠組みを考えていくならば，教育が国家によって保証されるのはよいが，それをただ受動的にそのサービスを受け取るだけでは被教育者にとってこれまで述べてきた意味での交換にはならないだろう．たとえば徒弟制度による教育は弟子の下働きとの交換という形で結果的には行われた．そのためその交換には峻厳さもあったのである.[14]

　これらのことから考えてみると，現在の長期間にわたるマスプロ的な一方向的普通教育というのは，長い進化の上で形成された人間の本質に反するものになっていると言わざるを得ないだろう．学ぶことに対しての利他性，道徳的な感情を伴わなくなる．つまりありがた味を感じなくなってしまうのである．年齢が上がった時期にまで専門がはっきりしない一般教育を行い続け，具体的な専門教育への指針が不明確になったままであるために就学も就業しない若者であるニートは増加し,[15]いつまでも「自分探し」を続けるような風潮に陥っているのであると断じてよいであろう．

　道徳性教育を考えるとき，一般に誰もが持っている道徳性の特質を様々な角度からとらえてそれを内面化していくことを企図する．だが道徳性は他の感情同様それ自体単独で人間にあらわれたわけではない．行為，行動から生まれた

のである．したがって，その特質のみを言語の上から伝えていこうと思っても
どうしても形の上だけになってしまう．それらがあってはじめて道徳性は「分
かる」のである．人間にしかできない行為，行動やまたそれに関係する認知特
性を確実に学習することによって真の道徳性教育はなされるものであろう．

終わりに

　道徳性といってもそれがあらわれるのは，人間が何かしらの行為や行動を
とったときである．そして決してそれは本来一方的なものではない．互恵的で
あり互酬の形になるものである．道徳性の交換がなければ，この世は味気も何
もない至ってつまらないものになってしまうだろう．

　そのことが人間として生きていく上での喜びとなり，醍醐味となるのである．
一方で，我々は日常的に何をしているのだろうか．それは仕事である．学校は
社会人を要請する場であり，社会人というのは仕事をする人である．だが現在
仕事に対して喜びを感じ達成感を満喫している人がどのくらいいるだろうか．
もちろん仕事で充実した毎日を送っている人も多くいるだろう．それでも毎日
の生活費を稼ぐのに青息吐息であったり，ノルマを達成するのに大きなプレッ
シャーを感じながらいやいや取り組んでいたり，といった状況は多々見られる．
場合によってはこちらの方が多いかもしれない．

　毎日の大半を費やしている仕事は本来は助け合いであり，誠意や感謝といっ
た道徳感情の交換の場であり機会であったはずである．この基軸を再度社会全
体が見直していく必要があるだろう．そのためにまず必要なのが，こうした原
理を道徳性教育として学校で取り上げることである．

　註
　1）もちろん助け合いは今も昔も多くの場面で見られるのは当然であり，少なくなったと
　　いうのは誤解を招くかもしれない．有史以前と以後を比較するのは実際には無理である
　　が，それに近い状態での比較は戦争時と平時でできるのではないだろうか．データはな
　　いが，戦時のような命の危険が迫っているような状態の方が，平時よりも助け合いはよ
　　く行われるように思われる．
　2）さすがにというか人類と近縁のチンパンジーでは，コロニー内での大人同士の食べ物
　　の移転についての詳細な観察によれば，一定方向の移転の回数は反対方向の回数と関連
　　が見られた（ドゥ ヴァール 1998）．つまりAがBにたくさん分けてやればBもAに気

前がよく，AがCにあまり食べ物をやらなければCもAにやらないということだ．

3）Greene（2003）の研究では，たとえば目の前にいるけが人を病院に連れて行くと新車が汚れてしまうので放置するか搬送するかで葛藤する場合と，慈善団体から少なくない金額を飢えている人に送金する依頼が来たときに送金するかしないかで葛藤する場合を比較したとき，自分の行動が直接人命を左右する場合の方が，善悪の認知と感情に関わる脳領域が活発になることが報告されている．これは困っている人をその場で助けることが，つまり利他行動をとることが人間にとっては，より重要な問題ととらえていることを示しており，人類が現在まで生き長らえてきた大きな要因の1つとなるものだろう．

4）ガザニガ（2006）は，脳科学の立場から人間の状況に対する自動性について，人間は自分が絶対の真実に従って反応していると信じているが，「こうした善悪の観念は解釈装置よって，つまり脳によって形作られているのに，私たちはそれが絶対的に「正しい」ことを示す理屈を考え出すのだ」と述べている．つまり我々が直感したり考えたりしていることは，人間の脳に組み込まれている自動性の結果である，ということである．因みに理屈を考えているのは左脳である．

5）ライト（1995）は，アクセルロッドの「反復囚人のジレンマ」（第1章参照）が協力行動を生むという考えから着想し，協力あるいは恩返しによって両方のプレーヤーが得をする「ノンゼロサム・ゲーム」の概念を示した．ライトによればノンゼロサムは分業と切っても切れない関係にある．確かに協力行動によって何か1つの作品などを創り上げたときの満足感は，道徳的感情とも深いつながりがあると感じるのが実際だろう．

6）前章で示したチスイコウモリと一部の霊長類程度である．

7）脳内に人の相貌を認知するモジュールがあることは，後頭葉の損傷などにより人の表情を見分けられない，男女の区別ができない，自分や知人の顔が分からない，などの症状が出る（相貌失認）ことからも明らかである．

8）南アフリカのブロンボス洞窟から発見された約7万8000～7万2000年前に作成された，鉄粉を含み顔料として使用されたと考えられているオーカーという鉱石に刻まれた模様や加工された巻貝などが発見されており，これが現在のところ人類最古の文明ではないかといわれている（Henshilwood 2011）．

9）一般的に「感情的」というと非合理的な悪しき状態と見なされるが，実際には感情が結果的に合理的な行動へと導く「問題解決装置」である．エヴァンズ（Evans 2001）は，喜びと悲痛について「ほぼ間違いなく，私たちがある一連の行為を成し遂げたり，逆に避けたりするのを動機づけるものとして進化してきたと考えられる」と述べ，またフランク（1988）は「「物質的」誘引は，動機づけにおいて直接的な役割を演じていない．行動を直接に引き起こすのは，複雑な心理的報酬のメカニズム」であるとしている．

10）長谷川（2002）は，互恵的利他行動だけが現在の人間行動の要因となるものではないと述べているが，実際には自動化された利他性による道徳感情が隠れた利他行動となっているということができるだろう．

11）ニューギニア高地人とヨーロッパ人との記録に残る最初の接触（ファーストコンタクト）は 1931 年マイケル・リーハイら 3 人の鉱山師によるものであるとされる（ダイアモンド 2013）.

12）ただし現地語では「ありがとう」に相当する語がなかったのでメンバーもある程度聞きなれていたフランス語を使ったという.

13）本人の談も含めた内容である.

14）レイブとウェンガー（1993）は学習を「実践共同体への参加の度合の増加」であるとしている. つまり，ある特定の場において社会の構成員になりゆく「正統的周辺参加」の過程が学習なのである. 教育の場として学校がお膳立てされても，肝心の学習の意義が自覚されず「やってどうなる」あるいは「やってやっている」といった目的観の喪失が学習者に見られることがある. 何のための学習かを交換行為の意味を踏まえて問い直すべきであろう.

15）総務省が行っている労働力調査によれば，2020 年のニート人口は 87 万人であり，記録のある 1995 年以降では最大の人数となっている.

文献

Chagnon, N. (1992) *Yanomamo:* 4th Edition. Harcourt Brace Jovanovich. pp. 162ff.

Cosmides, L., & Tooby, J. (eds) (1992) *The Adapted mind:Evolutionary Psychology and the Generation of Culture*, Oxford University Press.

Greene, J. D. (2003) From neural "is" to moral "ought": what are the moral implications of neuroscientific moral psychology? *Nature Reviews Neuroscience*, **4**, 847-850.

Fisher, S. E., Enard, W., Przeworski, M., Lai, C. S., Wiebe, V., Kitano, T., Monaco, A. P., Paabo, S. (2002) Molecular evolution of FOXP2, a gene involved in speech and language. *Nature*, **418**, 869-872.

Hamilton, W. D. (1964) The genetical evolution of social behaviour I and II.—*Journal of Theoretical Biology*, **7**, 1-16, 17-52.

Henshilwood, C. S., d'Errico, F., Niekerk, K. L. van, Coquinot, Y., Jacobs, Z., Lauritzen, S.-E., Menu, M., Garcia-Moreno, R. A. (2011) 100,000-Year-Old Ochre-Processing Workshop at Blombos Cave, South Africa. *Science*, **334**, 219-222.

Lovejoy, O. (2009) Reexamining human origins in light of Ardipithecus ramidus. *Science*, **326**, 74e1-74e8.

Trivers, R. L. (1971) The evolution of reciprocal altruism. *Quarterly Review of Biology*, **46**, 35-57.

エヴァンズ，D., 遠藤俊彦訳（2005）『感情』岩波書店，p. 33.

ガザニガ，M. S., 梶山あゆみ訳（2006）『脳の中の倫理』紀伊国屋書店，p. 233.

河合香吏（2009）「徒党を組む」，河合香吏編『集団——人類社会の進化——』京都大学学術出版会.

キューグラー，S.，松永美穂・河野桃子訳（2006）『ジャングルの子——幻のファユ族と育った日々——』早川書房，pp. 97f.

スミス，D. L.，三宅真砂子訳（2006）『うそつきの進化論』NHK 出版.

ダイアモンド，J.，倉骨彰訳（2013）『昨日までの世界（上）』日本経済新聞出版社，pp. 97f., pp. 104f.

丹野正（2005）「シェアリング，贈与，交換——共同体，親交関係，社会」『弘前大学大学院地域社会研究年報』63-80.

ダンバー，D.，松浦俊輔・服部清美訳（1998）『ことばの起源——猿の毛づくろい，人のゴシップ』青土社.

ドゥ ヴァール，W.，西田利貞・藤井留美訳（1998）『利己的なサル　他人を思いやるサル』草思社，p. 261.

長谷川眞理子（2002）『生き物をめぐる 4 つのなぜ』集英社，p. 211.

フランク，R H.，山岸俊男監訳（1988）『オデッセウスの鎖』サイエンス社，p. 64.

ポランニー，K.，栗本慎一郎・端信行訳（1966 新装版 2004）『経済と文明』筑摩書房（ちくま学芸文庫）pp. 130f.

モース，M.，有地亨訳（1962 新装版 2008）『贈与論』勁草書房，pp. 40-47.

ライト，R.，竹内久美子監訳（1995）『モラル・アニマル（下）』講談社，p. 31.

リドレー，M.，川奈々子訳（2000）『徳の起源』翔泳社，p. 274.

リドレー，M.，中村桂子・斉藤隆央訳（2004）『やわらかな遺伝子』紀伊国屋書店.

レイブ，E.＆ウェンガー E.，佐伯胖訳（1993）『状況に埋め込まれた学習』産業図書，p. 25.

第5章
道徳性教育としての言語学習を見直す

は じ め に

　我々人間の生活は言語活動によって成り立っているといってよい．それなしには相互に細かいコミュニケーションもとれず，高度な文化や科学も成り立たない．そしてその言語活動は，道徳性を涵養するという面でも非常に重要な役割を担っている．具体的には次の2点が挙げられる．第一に豊富な語彙量を基盤とした自在な言語操作を行うことによって多様な感情が生まれ，人間理解が深まるという点である．第二に脳内に蓄積された様々な知識群やイメージ，ストーリーを適切に検索し引き出していくための「タグ」として活用することが有効となるという点である．

　言語活動の未熟さは結果的に感情の基本型である快と不快を短絡的に表出させやすくなる．また現代社会ではあまりに情報量が多過ぎて，脳内には重要な経験や知識とどうでもよいものがごちゃまぜになって埋もれている．この状態で重要な知識を適切に引き出すには言語知識としての正当な「タグ」が必要となるのである．現状ではこうした内容を道徳性教育として焦点化していくことが求められているといえるだろう．本章では，この2つの内容について脳神経科学の知見を参照し，授業プランも挙げながら考察する．

1．言語学習による多様な感情の創出

　SNSにおける特定の人に向けた誹謗中傷というのは今やネット上に溢れている．誹謗中傷の末に対象となった人物が，それに耐え切れず自死に至る，という痛ましい事件も決して少なくない．このことはオンライン・コミュニケーション上での平均使用語彙数は日常で使用する語彙数と比べるとかなり少ないという報告があるように，相手を傷つける限定的かつ直接的な表現を多用することにより，一層相手を追い詰めることになることを示しているといえる．言

語が快，不快といった短絡的な感情表現のツールとしてだけ使用されるのであれば，極めて浅いコミュニケーションしかとれず，結果的に反道徳的な行為もさらに増えていくことになるだろう．このことは道徳的な観点からの言語学習の必要性が求められる根拠となる．

（1）　言語知識の重要性

　人間は眼前に広がる様々な事物や事象に対して，意識せずに必要な情報のみを取捨選択して認知活動を行っている．これもまた自動性であるわけだが，その活動がなければ多くの情報が錯綜し人間の意識は混乱した状態に陥ってしまう．

　たとえば人間の認知活動において視覚は全知覚情報の8割を占める主要なものだが，網膜から視覚神経に入る刺激は，脳内で必要なものだけを取り入れ構造化しているからこそ，安定した視覚的環境世界を認識することができる．実際，幼少期に失明しその後46歳になって先進医療手術によって視力を回復した男性は，包帯がはずされると光の刺激が砲撃のように浴びせられるだけで，周囲の物体がどう見えるか分からず，そばにいた妻の顔もすぐには認識できなかった（カーソン 2009）．

　この男性は，非常に混乱した視覚情報にさらされている中でもパニックに陥らず，周囲を気遣い場をわきまえた常識的な態度をとることができた．それは本人の人格によるところも大きいが，たとえば人の顔というのは一般に目と鼻と口が順に縦に並びその上に髪の毛が乗っているといった形態や，どこに何があってといった病室の状況をあらかじめ理解していたからである．そしてその理解の多くは言語によるものだったのは間違いない．つまり安定した認知活動を支える大きな要素の1つとなるのは言語による知識なのである．

　対象を認知するということは，知覚した対象に関する脳内に蓄積されている膨大なネットワーク情報を検索して該当するものを引き出すということになる．だが，その膨大なネットワーク情報は言語によって整理，体系化されることによって初めて整合性のある妥当な思考や判断，行動が可能となる．そのため，たとえばその者にとって不利益を被るような事象に遭遇した場合でも，単純にそのときに湧き上がった負の感情，情動に流されるのでなく，関連して引き出された様々な言語知識によって行動をその場に適した，つまり常識的な方向でコントロールすることができるようになる．

　したがって言語知識をどう扱っていくかということは，道徳性教育において
も非常に重要なことなのである．道徳的な言語知識群が定着すれば，それはそ
のまま道徳的なステレオタイプともなり，自動的な道徳的行動がとれることに
なるだろう．ただし豊富であることが望ましいこの知識群は，直接の経験に
よって形成されたものだけでは当然数に限りがある．特に子どもや若者は生活
経験といってもたかが知れている．したがって，言語学習によって単に形態的
な意味を示すだけではない知識，そしてその言語によって自らの経験も含めた
ストーリーが想起され，連鎖的に脳内の神経回路のネットワークが十分に活性
化するような知識をより多く蓄積させていく必要がある．

　たとえば「情けは人のためならず」ということわざの意味を正しく理解して
いれば，それに関係した自己の体験や人から聞いた話，見たり読んだりした話
等の記憶群がすぐに活性化され，電車内で座席も譲りやすくなるだろうし，こ
の後の会話例で取り上げる「人間万事塞翁が馬」であれば，その意味する故事
を理解することにより，自分にとって不快な思いをすることがあってもそれを
こらえやすくなるのである．

　ウォーフ（1993）によれば，言語はそれを使用している文化と人々の思考を
規定している．言語が文化より先行するという「サピア＝ウォーフの仮説」に
は反論も多いが，言語があるからこそそれを実効的なタグとして活用し脳内に
蓄積されている多くの知識群を稼働させることができ，それを基にして物事を
論理的に順序立てて考えることができるのである．したがって，語彙力の低下
はそのまま思考力の低下に結びつくことになる．

　そうなると「一を聞いて十を知る」とか「言外の意味を考える」，またその
場のコンテクストを理解するといったことも困難となっていく．そして外部か
らの言葉や状況の情報を何事も直截に判断し，感情の赴くままに行動してしま
うことになるのである．こういったことは日常的に見られるようになっている
といえるだろう．

　実際，少し注意した程度で通常の会話からすると考えられないほどの異常な
怒りをあらわにし，相手の命さえも奪ってしまうという極めて短絡的な凶悪事
件が発生することも珍しくない．言語の深い理解がないと，結果的に感情が暴
走し突発的な行動をとりやすくなってしまうのである．

　ところで構造化された知識のことを認知心理学分野ではスキーマ（schema）
というが，一般に人間の脳内には多くのスキーマが貯蔵されているということ

にもなる．スキーマにはいくつかの種類があり，一般的なのはあるものが周囲との関係性の中で動きを持つという概念を包含するイメージスキーマである．またイメージスキーマに内在しているが，物事を原因と結果の経時的な感覚で総合的にとらえる知識構造や認識については因果スキーマという．人間は時間の流れのコンテクストの中で生活しているので，眼前の状況についてそのようになっている原因とこの先の展開を常に把握，考察しているのが普通である．

　この因果スキーマは様々な事象や状態について，それに対応する多くの知識とともに脳内に蓄積されている．しかし，その知識群が貧弱であると齟齬が生じることになる．というのは，因果関係を常に把握し，考察していくという認識の枠組みは誰でも自然に身につけているものである．ところが，その枠組みに応じた客観的な知識が少ないと，どうしても自己意識が相対的に肥大化することになる．そのため，何かにつけ自己の利害に関連させた物事の見方に陥りやすくなるのである．因果スキーマの枠組みをコントロールし，自己本位な思考に陥ることを防ぐのは豊富な知識群なのである．

　このことは人間の脳の構造からして重要なことであり，短絡な因果スキーマの枠組みの活性化は，脳の機能を無視したものであるということができる．人間の心の働きや思考というのは脳を主に構成するニューロン細胞の活動によって生じるわけだが，この活動は決して外部からの刺激による原因→結果というような一方向の因果系列ではない．

　たとえば心や思考を調整，決定する前頭前野（連合野）のニューロン細胞が自発的に活動をすることによって抹消の神経に信号が送られる，というようなトップダウン的な系列もある．そして，重要なのは外部から物理的に同じ感覚刺激があったとしても，そのときの状況に応じて活動するニューロンの部位が違ってくるという「文脈依存的変化」が見られる（澤口 1997）．つまり，その時のコンテクストに応じて脳の各々異なる様々な部位のニューロン細胞が活発に動員されることによって多様な思考，判断，行動が可能となるわけである．このように非常に複雑な活動をするのが，人間の脳の本来の状態なのである．

　このことは，強力な外敵に対して肉体的には太刀打ちできない人間が，あらゆる状況の中で知識の蓄積によって危険を察知して回避し，また日々の糧を知性の働きによって得るしかなかったことから，脳をあらゆる事態に対処できるよう進化させてきたということのあらわれだろう．

　したがって，何か外部から刺激があった場合，自分本位な姿勢で快，不快の

みを因果的に判断するようなことばかりでは，決まった一部のニューロン細胞しか活動させないことになる．これでは，長い時間をかけて複雑さ多様さを完成させてきた脳の本来の機能を，全体として見た場合に非活性状態に追い込むことになってしまう．そのため心のバランス，つまりは様々な部位のニューロン細胞のバランスが崩れて意識として解離的な状態，つまりキレやすくもなるのである．

こういった傾向を食い止めていくには，日常の会話や人間関係の中で豊富な語彙や様々な言い廻しを当たり前のように駆使し理解するという，いわば知的なゲームとしての言語活動の楽しさ面白さを再認識していくようにすることが重要だろう．さらに加えれば，たとえば伝統的な演芸の「間」に代表されるようなコンテクストの中の非言語的な要素について，その妙味をあらためて宣揚していくのも必要なことだろう．

こうしたことが脳内のニューロン細胞を網羅的に活性化し，その結果として人間として生きていく中での充実感や大きな喜びにつながり，脳内知識群をさらに豊かにしていこうという意欲にもつながっていく．脳内に道徳的な知識群が貯蔵され，それらによって仮に自動的に道徳的行動を促されたとしても，その際に充実感や喜びを感じるからこそ行動がその後も意欲を持って持続していくわけである．

この意欲を引き出していくのは義務的な面ではなく充実感や喜びである．フランクル（1999）は「自己超越性」という言葉によって「人間であるということが常に自分自身とは別の何か，自分自身とは違う誰かに向かって存在すること」を強調している．他者や他者と一緒に何かを成していくことに対して，いかに人間として生きる醍醐味を実感できるようにしていくことが現在求められているといえるだろう．

以上述べたように人間の認知構造からすると，言語知識の内容や多寡は人間の行動の道徳性を明らかに左右することになる．豊かな言語知識の定着は道徳的な行動の基盤をつくり，さらには生活をする上での充実感，喜びを生み出していくことにもなるのである．

（2）　言語知識の理解

前項では道徳的行動を導く豊富な言語知識の必要性を示したわけだが，それを理解する脳内の構造はどのようなものだろうか．

　一般的な大人の英語圏ネイティブスピーカーの語彙数は 3 万程度ともいわれ
ている[2]．日本人にとってもこれは同程度であると考えられるが[3]，人間は何の気
なしにこれらの語を駆使して，会話をしたり文章を読み書きしている．しかし，
このことは実は驚異的ともいえることなのである．話し言葉で見てみた場合，
各単語は音韻の最小単位である音素が集合したものとして表されている．たと
えば「カチッ」というような何かを叩いた機械的な音であれば，毎秒 20 回以
上繰り返すとなると「ブーン」という低い連続音にしかならない．

　これに対して人間は，話し言葉を聞き取れる音素数が普通の会話でも毎秒
10〜15 音素，早送りのテープでは 40〜50 音素にもなる．しかも話し言葉では，
単語間の切れ目がそうあるわけではないのに，である．実際，誰かが興奮気味
に一気に何かを早口でまくし立てても普通は誰でも十分に理解することができ
る．これはとても機械には真似できないことである（ピンカー 1995）．

　この仕組みについて若干説明するならば，次のようになる．いくら長い文で
あっても，形容したり修飾したりする動作主や被動作主は限られている．した
がって，どのような文も動詞となる行為や起点や着点というように統語的に分
析された句として，階層的に比較的少数の意味のグループに分けて理解されて
いくことになる．それらは文節ごとに区切られ大きな意味のグループとして
チャンク化され，前後の関係を見ながら理解されていく．さらには句，文とも
一回表現されてから，その後の句や文に包摂されるという入れ子構造をなす再
帰性によって，意味を確認しながら理解することになる．

　この際の階層性や前後の関係性というのは人間が生得的に持っている能力で
あるチョムスキー（Chomsky, A. N.）の唱える「普遍文法」によって把握されて
いるということになる．このため，適切な言語環境の下で生育していけば，膨
大な量の語を投げかけられたとしても聴いたそばからそれらを構造的に解釈し
て，容易に理解することができるのである．

　だが言語の構造の説明としては，それで足りたとしてもまだ十分とはいえな
い．例として次の文を見ていただきたい．

　　「山と川と森と海は 1 つにつながっている」

　これを話し言葉で聞いたとするとどうだろうか．後半の「1 つにつながって
いる」は容易に理解できるものの「山と川と森と海」の部分は，特に唐突に急

ぎ足で列挙されると一瞬とまどうことになるだろう．いくら話し言葉を理解する能力が驚異的であるといっても，明確に理解するためには「山」や「川」などを1つずつ反復することになるのではないだろうか．では，次の文はどうだろうか．

　「高い山と流れる川，繁れる森と青い海は，1つにつながっている」

さらに次の文も比較されたい．

　「天空を突き刺す剣のように高い山と，母なる大地を滔々と流れる川，青葉が波のように重なり繁れる森，サファイアのようなきらめきを見せる青い海は，1つにつながっている」

　2つめはさすがにくどくなってしまうが，一言名詞の前に形容詞か修飾語，修飾句がつくだけで，かなり理解しやすくなったのではないだろうか．このことは，たとえば「高い」という語を聞くと，頭の中で「山」も含めたあらゆる「高いもの」を理解していく準備がなされるわけである．

　したがって，山を形容する語や句がさらに「天空を突き刺す剣のように高い」というようにより詳細になれば，「山」にまで言葉が達しない時点で半ば理解することができ，さらに最後まで聞けば，鮮やかな高山の情景が瞬時に心に浮かぶことになる．これを再帰的に解釈していくならば，文中の「高い」とか「天空を突き刺す剣のように高い」といった修飾句（連体修飾語）と形容される主要部である山や川などがさらに複雑な句を形成し，言語学の用語でいえばXバー原理によって階層的な構造をつくることによって文を完成させている，となる．

　だが文の構成が理解できたところでそれだけでその真意が十全に伝わるわけではない．確かに主要部を形容する語があった方が，明確な心的イメージが想起しやすいのは当然であるが，「高い」よりも「天空を突き刺す剣のように高い」の方が明らかに具体的なイメージをつかみやすい．そこにはメタファーの効果があらわれている．現実を考えれば「天空を突き刺す剣」などというものは存在しないし「母」と「大地」は本来無関係である．だがそれらはメタファーとして強い印象を与えている．

　我々が無意識に持っている心的辞書（メンタルレキシコン，mental lexicon）には，意味を持つ最小の単位である形態素の知識が数多く登録されているということになっているが，明らかに「高い山」よりは「天空を突き刺す剣のように高い山」の方が単に映像的なものを超えた，より具体的なイメージを想起することができる．そしてこうした具体的なイメージは，豊かな感情を生み出していくことにもなる．もちろんイメージできるような直接，間接の体験がなければならないが，持続的な言語学習によって多様な感情の定着をもたらすことになるのである．

　このように言語が機能として指示する対象の意味を示すのは当然であるが，多くは同じことを示す言語であってもわずかな表現の違いによって，実に多くの心的な表象がイメージされるわけである．これらは，語としては別であっても互いに連関し合い，相互の関係において文脈上の意味をより明確にしていくのである．

（3）　言語活動が生む多様な感情と人間理解

　人間の言語にはとても必要最低限とは思えないほど多くの語彙があり，ことわざがあり故事成語もあって，独特の言い回しなどもある．これほど語が豊富なのはなぜなのだろうか．互いの意思を伝えるだけならば，もっとそれらは少なくても済むのではないかという気もする．たとえば，ある人が山に出かけた，ということについての会話を想定してみよう．

　　「先日，ぼくは山へ行った」
　とりあえずは，この文で自分の行動の報告としては最低限クリアーしていることになる．ただし，会話は普通それだけでは収まらない．
　　「そう．で，どうだった」
　これで，登山の詳細をさらに報告することになる．
　　「疲れたよ．高かったからね．でも頂上では気分良かったよ」
　これでも最低限の内容は報告しているが，会話としてはやはり味気なく物足りない印象になるはずだ．したがって，様々に形容したり言い回しを工夫するのである．
　　「へとへとに疲れたよ．何しろ三千メートル近い山だったからね．見上げると頂上の方は雲に隠れているんだ．でも，苦労して頂上まで登るとちょ

うど雲が切れてね．この世のものとは思えないほど美しい景色だった．あ
あいうのを見ると何か気宇壮大という感じで気分良かったね．仕事のこと
でむしゃくしゃしていたけど，おかげで人間万事塞翁が馬という気持ちに
なれたよ」

　この程度まで話せば，聞き手はずいぶんと詳細にその場の状況から話し手の
心理状態まで理解できて，会話も一段と弾んでいくことになるだろう．この文
を分析してみると次のようになる．まず，「疲れた」に対して「へとへとに」
という副詞句（連用修飾語）が置かれると疲れの程度が共感的に理解できるはず
だ．聞き手としては「相当大変だったんだな」という印象を受け，相手を思い
やるような気持ちも生まれるだろう．

　同様に山の標高が高いことについても，具体的なデータや雲の様子によって
相当な高山であったことが分かる．だが，それほど大変でも気分が良かったと
いう．一見して矛盾しているように思えるが，その根拠が後半で明らかにされ
る．それは「この世のものとは思えないほど」の美しさであり，普段の生活で
は目にすることのできない希少なものだからである．さらに話し手の心理状態
として単に「広い」とか「大きな」ではなく「気宇壮大」という熟語が登場す
ることによって，かなり厳粛なもの，ということが理解される．聞き手として
は絶景をイメージし神々しい気分となるだろう．

　そして，その後の文ではなぜ厳粛なニュアンスの語が使用されたのかという
理由が明らかにされ，今後の自分の生きかたについての心情の変化が示されて
いる．「人間万事塞翁が馬」の意味を知っているならば，聞き手にとって話し
手に対する人間的な理解が一段と進むことになり，おそらく話し手はその後の
会話の中でさらなる自己開示が進むだろう，ということが予想される．聞き手
としては何とも言えない深いものを感じることになるだろう．

　これを脳内のメカニズムから説明すると次のようになる．霊長類には脳内に
他者がある行為をしたのを見ると，自らが同じ行為をするときと同じように発
火するミラーニューロンがあるが，これは人間も同じである．だがミラー
ニューロンのシステムは自己と他者を区別しないため，動作主や被動作主など
他の要素も特定しないと具体的なイメージとはならない．この他の要素につい
ては，脳内の頭頂葉からの信号によって補足されていると考えられる（乾
2010）．

　そしてミラーニューロンには，視覚情報だけでなくある動作に伴う音にも応

答する視聴覚ミラーニューロンも存在する（Kohler et al. 2002）．この視聴覚ミラーニューロンは言語能力にも関わっていると考えられる．さらにミラーニューロン全体は第2章でも触れたように感情を司る扁桃体及び他の大脳辺縁系と島皮質を通じて接続している（イアコボーニ 2011）．つまり言語によって表現された世界というのは，イメージスキーマによって情景が聞き手の心の中に描かれるだけでなく，話者の動作が自分のことのように知覚され，さらに感情も共有されるようになるのである．

このようにある程度の複雑で変化に富んだ文にすることで，眼前にはないある行為や情景をリアルに再現することができ，そしてそれに伴う多様な感情が湧出される．これらの感情は上の文中にあるように，その都度気分や思いといったものとしてとらえられ，それ自体情動となるほど強いものではない．しかし何とも言えない心地よさが感じられるものである．そしてこうした心地よさは，反道徳的な行動に走らせるような短絡な不安や憎悪，敵意といった不快な感情を統制するものとなるだろう．

さらに事実としての行為や心的な状態の理由，つまりそれらの言語使用の意味が共感的に理解することができるのである．この文では，聞き手としては「この人は仕事上で苦労がいろいろあるんだな．だから山に行ったんだ．振り返ってみると，僕にも同じようなことがあった．たとえば，あの時……」といった具合に自分自身の経験にもあてはめてみることにもなり，結果として相手への共感や親密性を高めていくことになる．このように語の使い方によって道徳性につながる多様な感情が生まれ，さらに深い人間理解へと発展していくのである．

（4）　道徳性教育への視点──多様な感情を生み出す言語活動の学習例──

基本的な語彙を習得し，文の構造に則ってそれを修飾する様々な語や句を身につけていくことにより心を豊かにする多様な感情を湧出させていく．そしてこうした言語活動によって人間理解を深めていく．これが道徳性教育の観点からの言語学習である．ここではこの主旨に沿った学習例を挙げる．対象は小学校1，2年生である．

　　　　　「太郎のお買い物」
　「ただいま！」

太郎は玄関を開けると，いつものように大きな声でいいました．ところが，いつも太郎の声に負けないくらいの声で返ってくる「お帰り！」というお母さんの声がしません．

「おかしいな，お母さんいないのかな」

太郎は不思議に思って，家のなかに入りました．するとお母さんが部屋でふとんをしいて寝ています．

「どうしたの，お母さん」

「おや，太郎かい．お母さんかぜひいちゃってね．朝はそうでもなかったんだけど」

お母さんは少し体を起こしながら言いました．

「大丈夫？　ぼく，何かお手伝いしようか」

お母さんはなるべくいつも通りに話をしようとしているけれど，本当はかなり具合が悪そうでした．太郎はそれを見て，少しでもお母さんの役に立ちたいと思って言ったのでした．

「おや，いい子だね．じゃ，お使いを頼もうか．太郎ももう2年生だから，一人で行けるよね」

お母さんと一緒ならこれまで何度も買い物には行ったことがあります．でも，一人で行ったことはこれまでありませんでした．ところが，お母さんは病気です．太郎はがんばらなければならないと思いました．

「大丈夫だよ．ぼく一人だってへっちゃらさ」

「すまないね．じゃ，魚屋さんに行って『みがきにしん』を買ってきておくれ」

「ミガキニシン？」

聞いたこともない名前をきいて太郎は，思わずお母さんに聞きなおしました．

「お父さんが今日食べたいって，言ってたんだよ．魚屋さんにそう言えばわかるよ」

太郎は，不安に思いましたがあとにはひけません．お母さんから財布と買い物かごをあずかると，「みがきにしん，みがきにしん」と名前を忘れないようにブツブツと言いながら魚屋さんに向かいました．

歩いていると，前から太郎の隣の家に住んでいる山崎さんが犬を連れてやってきました．どうやら犬を散歩させているようです．山崎さんは太郎を見ると，

「おや，太郎ちゃんお買い物？えらいわね」と言いました．

「お母さん，かぜひいちゃったんだ」

「あら，大変ね．お大事に」

おじぎをすると，太郎は「えーと，みがきにしんみがきにしん」とまた繰り返しながら歩きました．すると，今度は前から仲良しの良太がやってきました．

「太郎どうしたの．お買い物？」

「うん，そうなんだ」

「ぼくもきのう行ったよ．魚屋さんに塩じゃけ買いに行ったんだ」

「塩じゃけ？」

塩じゃけなら，太郎にもおなじみです．「うちも塩じゃけにしてくれればいいのに」と思いながら，良太と別れると，

「あれ，何だっけ」

さあ大変，買いにいくものの名前が出てきません．太郎は立ち止まって考えましたが，いくら考えても名前は浮かんできませんでした．家にもどろうかとも思いましたが，魚屋さんはもう目の前です．ここで引き返してまた出直すと時間もかかってしまいます．

「そうだ」太郎は考えました．「魚屋さんに行って，店の人に並んでいる魚の名前を聞いていけばいいや．そうすればきっと思い出す」太郎はわれながら名案だと思いました．

魚屋さんに着いて，売り場を見るといっぱい魚が並んでいます．太郎はさっそく店のおじさんに聞いてみました．

「このお魚何ていうの？」

「これかい，これは鯛だよ」

「たい？」

見ると（　　　　　　　）魚でした．

「これは？」

「あじ」

これは（　　　　　　　）魚でした．

「これは？」

「さんま」

これは（　　　　　　　）魚でした．

なかなか，これだ，と思う名前が出てきません．太郎はだんだんあせってきました．その時です．買い物にきていた，よそのおばさんたちが話している言葉が太郎の耳に入ってきました．

「うちのミシンがこの頃調子悪くてね……」

太郎はひらめきました．

「ミシン……，そうだミシンだ．おじさんミシンありますか！」

「ああ，にしんね」

これで完全に思い出しました．

「ミガキニシンです」

「はい，あるよ」

　こうして太郎は初めての買い物を無事にすますことができたのです．

(1) (　　　　) の中にはどのようなことばを入れたいと思いますか．

　※各々の魚の写真か絵は提示しておく

(2)買い物を無事にすませた太郎の気持ちはどのようなものでしょう．次の (　) に
は，どのようなことばが入ると思いますか．

　　(　　　　　　　　　) くらい，よかったなと思う気持ち

　ここでの学習のねらいは，(1)の設問では，ある事物からどのような多様な印
象を持たせ，さらに感情表現として発展させていく．(2)では他者の立場になっ
てその心情を解釈し，表現することである．ストーリーでは，太郎は一人で初
めて魚屋（鮮魚売り場）に行って様々な魚が並んでいるのを目の当たりにした．
太郎は興味津々だったはずである．太郎の立場として，写真や絵を基にそれぞ
れの魚にどのような印象を持ったのかについて考えるということは，その文脈
の中で生まれ得る感情をイメージさせることになる．

　また，他者の心情を理解，解釈するには学習者本人の記憶や知識と関連させ
ていくことなので，ここではそれを何かに譬えるという形にしているのである．
上述したように言語活動の中ではメタファーは重要な位置を占めている．その
訓練という意味である．このことは，シャンク (1996) が「人は理解するとき
に，過去に自分が聞いた話として新しい話を解釈しようとするのである」と指
摘している通りである．つまり，「まるで〜のようだ」を具体的に考えさせる
ことは，その時に自分の持っている知識を引き出すことになり，そのことは事
物や概念を自分なりに表現する能力を養っていくことにつながるのである．

　この設問での考えられる答えとしては，(1)がたとえばそれぞれの写真を見て
「きらきらしている」とか「宝石みたいにきれいな」といった表現が様々出て
くれば十分であろう．(2)は，「頭をなでてほしい」「とびあがりたい」「大きく
息をはく」といったものが考えられる．

　小学校低中学年段階では読み物教材を使い登場人物の心情を考える学習は有
効であり必要なものである．だがその基本となるのはこの教材例で示したよう
に日常的な光景の中で，その文脈を理解し登場人物がどう感じたかを，既習の
言語知識と結び付けさせながら自分なりに考えていくことである．他者の心理
を読み取るという一般的な教材と併用していくことが重要だろう．ただしこの

学習例では発問が少なく 1 単位時間はかからないことも考えられ，前半部分での工夫が必要となるかもしれない．

2．知識の「タグ付け」としての言語学習

　小中学校では毎週 1 時間は道徳科授業として，読み物教材を中心に様々な場面設定における道徳性の重要性，必要性を学んでいる．それが必ずしも十分な効果を生み出していないとすれば，端的に言えばその内容が記憶に残っていないということになる．これに対しては，道徳科は覚えさせることを主眼とした暗記科目ではないので，そうした指摘自体が的外れであると反論されることだろう．だが，もし覚えられるのであるなら，それはそれで大いに結構なはずだ．

　第 2 章で示したように人間の自動性を利用して道徳的な行動を促していくには，道徳的なステレオタイプの形成が重要になるが，その基盤となるのは道徳的知識の蓄積である．またメタ認知的な意味では知識その者が行動を統制していく．その意味では一般的に見られる読み物教材などのストーリー展開やそれに係る議論内容も知識になり得るものである．要はそれらが知識として道徳的に「実用化」されていないということだろう．膨大な数の未活性状態の経験や知識の断片の中に埋もれているのである．

　それを活性化させるために有効となるのは，心理学でいう「手がかり再生」であろう．何かきっかけとなる語句等を与えることによって，埋もれている知識を思い出させるのである．ここではその手がかりを「タグ」とし，[5] ことわざや慣用句を活用する手法を授業例も挙げながら示す．

（1）　タグとしてのことわざや格言

　道徳的な行動が求められる場面，あるいは反道徳的な行動をとってしまいそうな場合では，行動またその抑制の契機となるものがあった方が効果的である．そしてそれは長いストーリーをあれこれ考えるより，短い言語表象に従う方が分かりやすい．端的にはことわざや格言がタグとなり，それによって様々な知識群が引き出されるのである．

　荒木（1983）は，「「ことわざ」はある生起転回してゆく「こと」，事件に際して「言語」の内的威力によって人を動かす言語の技芸である」としている．まさに言葉の技であり，ことわざや格言のように短い警句が生まれたのも，とも

すると自己本位なものになりがちな人間の行動を統制するねらいがあったのだろう．

　実際，語の使い方1つでその場の状況が一変してしまうこともある．荒木（1983）は次のような説話の例を挙げている．

> 「一人の男がいる．その男，日常は何のかんのといってぐうたらを決めこんでろくに仕事もしない．部落の共同作業に出てくることはでてくるが，いつも要領よく立ち廻って一番楽なところでのろのろ時間かせぎをやっている．さて，祭りの当日，事が飲み食いということになると，その男，別人のように働き出した．あまりの変わりように部落のものたちはにが笑い．面と向かって皮肉をいってやるのも大人げないが，さりとて賞める気にはさらさらなれぬ．何とも，もやもやとした，すかっとしない気分のところで，手伝いの女どもを前に小賢しくも差配に及んでいるその男に，一人がぽつんと警句を投げてやった．『なまけ者の節供働き』」

　文中にあるように本来は厳しい言葉で注意をしてやりたいが，そうすることにより不必要なトラブルが起こり場の雰囲気を悪くしてしまうかもしれない．こうした状況でたった数文字を投げかけるだけで雰囲気も害せずむしろ和やかになものにし，しかも本人に警告を与えることができる．まさに「一石二鳥」である．この短いことわざの中に文に起こせば長文になるほどの意味が内包され，しかもユーモアやウイットのセンスも含まれている．人間の行動を統制するのにもってこいの言語知識であろう．ただしそれが効力を発揮するには条件がある．「なまけ者の節供働き」ということわざを全員が知っていなければならないということである．

　だが現代社会では非常に優れた実用的な言語知識であるこうしたことわざや慣用句などは，どちらかというと瑣末なものといった印象を持たれ，これらの定着度は若者を中心にして低落傾向にあるのが現実である．2020年に文化庁が発表した2020年度「国語に関する世論調査」の結果では「手をこまねく」「敷居が高い」「浮足立つ」という慣用句について，本来の意味で理解している人の方が少数派であることが明らかとなっている．また同じく2010年度の調査では先ほども挙げた「情けは人のためならず」の意味について，本来の意味である「人に情けを掛けておくと，巡り巡って結局は自分のためになる」を選

択した人の割合と，本来の意味ではない「人に情けを掛けて助けてやることは，結局はその人のためにならない」を選択した人の割合は，ともに46%弱であった．だが年代別に見てみると，60歳以上を除く全ての年代で本来の意味ではない方を選んだ人の割合の方が多かった．

　これらのことはごく日常で使っている語のうち，より深い思索を促すという語彙力が低下していることを表している．単純に語彙数だけであれば，若者はいわゆる「若者ことば」を数多く使用しており，それなりの量は保持しているといえる．だが，それらの多くは感覚的，感情的な記号としての役割のものでしかない．[6) ことわざや格言，また故事成語についての学習は国語の分野で行うのが現在の常識ではあるが，その役割を考えると道徳教育の中で取り扱う必要があるといえるはずである．

　道徳授業でことわざを知識として習得するには，ことわざの意味に即した教材を用意し，その内容を理解させた上で他にはどのような場面があてはまるかを考えさせていくことが有効であろう．

（2）　タグを理解するときの脳の活動

　ことわざなどがタグとして様々な言語知識や体験の記憶やイメージを引き出していくのは，当然脳の活動である．その時の脳内の活動はどのような状態になっているのだろうか．

　人間を取り巻く様々な環境から個人が受ける刺激は，まずは聴覚や視覚等を通して一次感覚野処理される．そして，その後それらの刺激は前頭前野の機能としてのワーキングメモリにおいて短期記憶として取り扱われ，その中で重要なものは長期記憶として脳内に維持されていくことになる．

　記憶するということは脳内に1000億とも言われるニューロン細胞から伸びた軸索が他，領域のニューロンとシナプスを通じて神経伝達物質をやりとりすることで結びつきあい，1つのネットワークである神経回路を形成することである．[7) このネットワークの中心は大脳辺縁系の1つの部位である海馬である．ネットワークが強固であればあるほど記憶が明確となりすぐに利用可能な状態で知識化される．逆に強化されないつまり思い出さない状態のままであればそのネットワークは次第に結びつきが弱くなり場合によっては消えてしまう．つまり忘れる．知識が消えるわけだ．

　だがこれらの神経回路ネットワークはそれぞれが独立し単独で形成されてい

るのではなく，連鎖的に結びついている．したがって1つのネットワークが活性化されればそれに伴って結合しているネットワークが次々に活性化していくことになる．そのため，それまでほとんど消えかけていたネットワークも連鎖の仕方によっては突然活性化することもあり得る．何かのきっかけで忘れていた記憶が急によみがえるということだ．

　ただし人間が生まれてからの経験による刺激の量，つまり情報量は莫大な数に上りそれらを全て記憶として維持するというのは生活をしていく中で得策ではない．重要なものに絞りあとは不活性状態にする，つまり忘れる方が決して無限ではない脳の容量からしても効率的である．それでも不活性状態の神経回路ネットワークは普段は意識には上らなくても，脳内には冷凍保存のように退蔵されており，何かのきっかけで，つまりタグによっていきなり活性化されることはよくあることである．

　このように脳内に貯蔵されている知識群はすぐに利用可能なもの，不活性状態にあるものと様々だが，多くのネットワークを利用した方がそうでないより良いのは当然である．知識群を利用するとは外部から入力された刺激に応じた記憶を長期記憶から検索していくことである．その点から考えれば検索するには簡潔な情報の方が手軽である．ネットで検索するときも通常は長文を使うことはあまりないだろう．

　だが反面キーワード的な単語で検索するとヒット数が膨大になりすぎてしまい，焦点化しづらくなる．かといって長文だとそれを入力する，つまり見聞きしたり覚えたりするだけで時間がかかってしまうし，ヒットする内容も限定的なものになってしまう．その点，ことわざや慣用句程度の長さであれば入力も容易であり，しかも検索のヒット数もほどよいものになる．「なまけ者の節句働き」と聞けば，そのことわざとしての意味のみならず，先に挙げた説話の内容とその情景，さらにはそれを習った時の授業の様子や自身が体験したそのことわざに相当するようなエピソード等々が瞬時に検索される，つまり呼び起こされるのである．

　このように連鎖的に様々な知識や経験を引き出していく単純な刺激，つまりタグは何かしらその記憶の内容が判断できるものとしてついていると考えられる．もちろんこのタグは言語でなくてもよい．風景といった視覚情報でも，味覚，嗅覚による刺激でもよい．「プルースト効果」で有名なプチ・マドレーヌのエピソードもこの例である．[8)]

　また関連する内容としてシャンク（1996）は記憶組織パッケージ（MOPs, Memory Organization Packages）理論を提唱している．MOPs はどれもいくつかの場面で構成されており，記憶の文脈依存の側面を扱っているとしている．それらは視覚的な内容に応じていくつかにラベル付けされた上でパックされており，新しい情報が入力されると索引によって個々の経験の集まりが呼び出されるというものだ．

　このようにある事物なり事象なり概念なりのあらゆる記憶がイメージ化し絡み合い，複雑なネットワークを形成して，はじめてタグの有効性は明確になるのである．もちろんタグとしての言語があればそれだけで良いというわけではない．検索される側の知識群も，上述したように言語知識として整理されるほどに定着していなければならない．それには十分な学習や体験が必要であることは言うまでもない．ただし学習によって脳内に貯蔵された知識群は，必ずしも一続きの文章のように整合性のあるものとして存在しているわけではない．それらを引き出して口述したり文章化したりすることになるのだが，その際基本となる言語に次から次へとそれを形容したり修飾したりするような語や過去の経験が泉のように湧き出てくるようにしていくことが必要である．その上でそれらの知識と結果的に連動するように，タグとなることわざや慣用句などの学習を進めていくことが重要となるのである．

　なお注意しておきたいのは，ここで述べているのはこのタグとそれにより引き出される知識群や経験との関係性についてのみということである．この仕組みを利用して道徳的行動を促していくことを推奨しているだけで，それ自体が決して道徳的というわけではない．したがって，この仕組みによって反道徳的行動も十分起こり得るわけである．たとえば人種や民族差別あるいは性犯罪につながるような知識群や直接，間接的な経験がそれに関係したネット上の言語や写真，動画がタグとなって容易に引き出されることにもなる．その意味から反道徳的な行動に結びつくタグとなるものは制限されるべきだろう．

　だが表現の自由の観点から現在は制限が緩くなっているといえる．それはあくまでも常識によって自らの行動を自律する近代思想における理性的人間像を大前提としているが，実際にはそのような人間像はいとも簡単に打ち破られてしまうのである．

（3） 道徳性教育への視点——ことわざをタグとして位置付けた授業——

　ここでは読み物教材の内容に適したことわざの学習を導入として取り入れた授業展開例を示す．現在の一般的な授業スタイルにことわざを組み入れた授業ということになる．

① 題材「瑠璃も玻璃も照らせば光る」（中学校1年〜2年対象）

資料（概要）（著者作成資料，本章の章末参照）

　「平田正俊[9]は，かつて人気を博したアイドル歌手であった．だが人気にかげりも見られてきたある日，結核という思わぬ診断を受ける．彼はただちに長野県の隔離療養施設に収容され闘病生活を余儀なくされた．芸能界復帰も危ぶまれる中で，彼はすっかり生きる意欲をなくしてしまった．そんな彼に，毅然とした姿勢ながらも温かく励ましてくれる看護士がいた．そして彼女の誠意あふれる態度から前向きな気持ちを取り戻しかけたある日，彼女との何げないやりとりから，作曲家としての可能性と希望を見出すとことができたのである．その後，平田は数年の修行を経て作曲家として見事に芸能界へ復帰し，さらに権威のある賞も多く獲得して，戦後歌謡史に名を残すまでになっていった」

② ねらい

　失敗や挫折があっても本人の努力や周囲の励ましによって持っている力を発揮することができるということを「瑠璃も玻璃も照らせば光る」ということわざを習得する中で理解する．

③ 習得させる知識

　ことわざ「瑠璃も玻璃も照らせば光る」の意味（優れた素質や才能を持つ者は，どこにいても目立つということ．また，優れた者は活躍の場を与えられれば真価を発揮するというたとえ）．

④ ねらいとする内容項目　A-(2)「希望，勇気，強い意志」

⑤ 展開（表5-1）

⑥ 授業の評価

　ことわざの意味を資料の内容と関連付けて習得できれば十分であるが，主人公の持っていた作曲の素質というのは，絶望の中から周囲の人たちの励ましの中から見出されたということは押さえられていなければならない重要な点である．

表 5-1 指 導 案

	学習内容と発問	予想される生徒の反応	指導上の留意点	教材
導入	・「瑠璃も玻璃も照らせば光る」の意味を説明し，理解させる	・十分に理解させるため全員でことわざを唱和する	・黒板にもことわざの内容と意味を貼り出す．瑠璃（青い宝玉）も玻璃（水晶）の写真を見せる	掲示物 写真
展開	・資料を療養所に入所するところまで読む	・資料内容を理解する	・生徒に読ませてもよいが，内容が十分に理解できるよう大きな声でゆっくり読ませる	読み物 資料
	・「平田がこれまでのトロフィーなどを処分してしまったのはなぜだろう」	・資料内容に基づいて考える ・「やる気をなくしたから」 ・「病気になってしまったから」	・当時の結核は不治の病だったことを説明する	
	・「どん底の状態からその後の華々しい活躍のきっかけとなったのは，どんなことだと考えられるだろうか」	・「歌が好きだったということがあらためて分かった」 ・「友達に励まされた」 ・「根性を出した」	・資料は途中までしか読んでいないので，予想させる	
	・資料の続きを読む ・再度復活のきっかけとなったことは何だったのか，を聞く	・「看護士の何気なく言った一言」 ・「療養所の人々の反応」	・看護士の励ましが大きなきっかけだったことを確認する	
	・「療養先の看護士さんの平田に対する態度はどんなものだったろうか」	・「決してやさしくはない」 ・「厳しいが思いやりがある」	・文中の内容を確認する	
	・もう一度「瑠璃も玻璃も照らせば光る」の意味を確認する	・再度唱和する		
	・「この看護士さんがいなくても平田は作曲家として活躍できたかだろうか」 ・「できた」「できない」のどちらかに態度を決めさせ，理由を考えさせる	・「できた」 理由「もともとある才能だから」 「どのみち違う人から言われる」 ・できない 理由「いなければその才能	・理由も言わせる ・看護士の存在の重要さを確認する ・2つまとめて班で考えさせ理由も含めて発表させる ・どちらの意見ももっとも理由であれば，十分に肯定	

			に自分でも気が付かなかった」	する	
		・才能はどのような状況でも光るものであるといっても，それは何もせずあらわれるものではないことを説明する		・出された意見を受ける形で説明する ・この場合は看護士さんの平田のことを思う気持ちが大きな要素であったことを強調する	
		・「才能を自覚し，伸ばしていくには何が必要だろうか」	・「周りの人たちとの深い人間関係」 ・「あきらめずに努力すること」	・平田が病気にならなければ作曲の才能を伸ばせなかったかもしれないことにも触れる	
		・「この話で重要なことは何だろうか」	・「人を励ますこと」 ・「自分を信じること」 ・「どん底でも希望を失わないこと」	・個人で考えさせてもよいが，班で話し合わせた方が全員で参加した雰囲気になる ・自分自身の場合にあてはめて考えさせる	
		・「瑠璃も玻璃も照らせば光る」ということわざは，この話のように特別の才能を持つ人だけでなく，全ての人にあてはまるものであることを強調する			
終末		・感想を書かせる	・各自ワークシートに感想を記入する	・作文形式にさせる	ワークシート

3．意味としての知識

（1）　言語と意味

　人間はある対象を物理的に知覚したとき，それに受容体のように対応した知識（スキーマ）が呼び起され現実の世界の中で正確に認知することができる．もしも認知対象が自分の持っている知識群で対応できなくなってしまうと，人は混乱状態に陥ってしまうことになる．人類は厳しい自然環境の中で，時には

未知の大地にも進出し，その場その場の状況に適応して何とか種を存続させ進化してきた．そのため種の存続と繁殖に資する知識は多ければ多いほどプラスになったはずである．

　現代では人間の適応に関する内容以上と思われるような高度な知識に満ち溢れているが，それらも所詮は適応上デザインされた認知構造を延長したものであり，逆にいえば「非適応的な副産物」（ピンカー 2003）なのである．

　それでも事実として，人間社会は言語を自在に駆使できるようになってから爆発的に発展した[10]．それは言語という記号により無限ともいえる認知対象や状況を知識として措定することができるようになったからである．だが言語そのものが知識の実体ではない．知識は意味だからである．言語は意味を伝えるものであるから，感情はその意味によって発生するわけである．したがって道徳性に関しても，言語の意味が実感として伝わらなければ道徳的な感情はあらわれない．たとえば「いじめはいけない」という言葉の内容を理解できない者はいないだろう．だが，その内面的な意味に触れずに言葉だけを強調しても却って空疎感が漂ってしまうことになる．字面だけの理解ではまさに意味はないのである．

　Tomasello（2019）は，言語を学び使用するということは「たとえば「犬」と「ペット」のようにそれぞれ使い分けることによって視点を一般化し，また複数の者が共通の言語規則を介して意見を交換することで，一人一人が参加者それぞれの考えに共同的な注意を向けることを可能にする」と述べている．他者の意図を共有してはじめて言語は成立する．言語によってあらゆる現象の経験を，実質的にはほかのどのような現象としても解釈することができるのである．言語は一面ではある事物や事象を表象する記号に過ぎないが，その裏に様々な意図と視点をとらえることによって多くの意味を解釈し，それを契機に様々なクオリア（質感）も想起させることになる．そこに至ってはじめて言語は共同視点的な言語知識となるわけである．

（2）　言語活動と快感情

　人間の行動の基本は他の生物と同様，接近か忌避であり，自分にとって利得があるのであればその対象に近づき損失が見込まれるのであれば離れることになる．やがて行動の自覚的なモニターとなる快と不快が感情が生まれ，それによって自らの行動が起動されると感ずる心理構造が定着した．これによって人

間は楽しい，心地よいと感じる快感情が得られることに対しては進んで行い，そうでないものは遠ざけるか制止するようになった．したがって快感情を持つということは，その時点での様々な欲求を充足した状態ということになる．

　このときの脳内の状態ではドーパミンやエンドルフィンなどの神経伝達物質が分泌され，種々の神経の興奮を引き起こすことで快感情に高められる．情動は快不快が強く感じられる状態で喜び，悲しみ，恐れ，怒り，驚き，嫌悪のいわゆる一次の情動は強い行動傾性を持つ．これらのうち快感情を持つものは喜びだけのように見えるが，ドーパミンの過剰な分泌は攻撃性を招来させる（柿澤 2019）．実際，怒りにまかせて攻撃性を高め理不尽に人の命を奪ったり傷つけたりする事件は後を絶たない．個人差はあるのだろうが，それによって快感情を得る者がいるのも事実であろう．

　こうした例は別として，喜びの情動に代表される快感情を得るには，報酬系といわれる脳内の A9 及び A10 神経という脳幹の中央部にある神経細胞群を刺激し神経伝達物質のドーパミンを線条体に放出させる必要がある．この快感情は，まずは個体を維持し遺伝子のコピーを残すという生物行動の原初的な原理に基づいて，それを達成していくための動機付けとして身についた．つまりは食欲と性欲であり，これらは生物的な本能である．だがこれが昂進していくと第2章でも触れたスキナー箱のマウスのように自分では制御できないほどになってしまうのである．

　だが，人間の場合はそうした本能的な面だけでなく，誰かを助けたり目標とした仕事を成し得たりしたときにも快感情が得られる．これは人類が協力行動なしには生き残れなかったからこその特質だろう．困っている人を助けたり誰かのために助力をしたりして感謝されるときの喜びは人間の場合，もはや基本的な利得を得る状態，つまり本能となっているといえるだろう．

　一方，仕事や課題を遂行したときの達成感や充実感という快感情は，少し異なる状況があると考えられる．遂行して達成感が得られる仕事や課題に取り組むにあたっては，成就した場合のその全体像がその意味や目的と共にイメージできるものである．つまり非常に複雑な神経回路ネットワークの構築を目指している状態といえるだろう．

　これに対して，たとえば第二次世界大戦中にナチスが捕虜に課したともいわれる，ただ土中に穴を掘ってまたそれを埋めるだけの作業といったものでは，作業のイメージは持つことはできても意味も目的も見出せず，まさに拷問とな

る．ベルトコンベアーで単純作業を毎日繰り返す工場労働なども同様といってよいだろう．これらのことから考えると，脳内において大きな利得につながる神経回路のネットワークが強化され続け，十分に利用可能な状態として構築できたときに達成感，充実感といった快感情が得られる，ということになるのではないだろうか．そしてそれは複雑であれば複雑であるほど得られる快感情も大きい．

　ネットワークの強化自体はたとえば「おはよう」と言っていれば，誰でも何も考えなくても朝になればその言葉が出るようにはなるが，それのみで快感情が得られるわけではない．ネットワークが単純だとその形成も簡単になされるようになり，ちょっとしたことで楽しくなってばかりになってしまう．そうなると結果的に大きな利得につながる行動を逃したり，楽しそうだと思っても実は危険が待ち受けている行動に走りやすくなったりしかねない．また複雑なネットワークは，自らの意思で繰り返し反復しないとなかなか構築されるものではない．強化していくには努力も苦労も必要となる．そしてそれが確固たるものとして脳内に定着し，容易に利用できるとなった場合の利得は大きいものとなるため充実した喜びが得られると考えられる．

　その意味では言語を学習することというのは，苦労して脳内にネットワークをつくることである．しかも言語以外の他の要素に比べて連鎖するネットワークの量も多くなることから，語彙やことわざ，慣用句などによって引き出される知識や体験も多様なものとなる．つまり言語学習を進めることは楽しいのである．そしてそのことが道徳性につながる豊かな感情を湧出させ，また他者への理解を深めていく．さらに反道徳的な状況になりそうになっても，自他共にそれをうまく軌道修正できるようになるのであれば，余計に喜びを感じるようになるのである．

終 わ り に

　従来からの道徳授業も副読本や教科書を使い文字で書かれた資料や教材によって進めていくものであることから，これも言語学習であるということにはなる．上述したように資料，教材の内容を授業展開とともに覚えてしまえば実際に道徳的行動につながりやすくなるだろう．だが現実は小学校高学年から中学校にかけては読み物教材のストーリーは設定は異なっていても同じような展

開が続くことになり児童生徒の授業への関心は薄れていく．今日では誰が何をしてどうなったといったストーリーは，様々な形でテレビでもネットでいくらでも見ることができる．そこから考えれば日常的な内容を主としたバーチャルな設定のストーリーを9年間聞き続ければ飽きてくるのは当然だろう．

そこで重要となってくるのが1つは教材をただストーリーを伝えるものとしてだけではなく，文体そのものにも関心が向けられるような優れた表現となるようなものとしていくこと，もう1つはことわざや慣用句などを覚えるための資料としての扱いとしていくことである．もちろん，全ての道徳授業をそうしなければならないというわけではないが，道徳性教育を進めていく上では重要な要素となるのである．

〈参考〉新しい芽（瑠璃も玻璃も照らせば光る）

平田正俊は，1950年代後半から60年代にかけて人気を博した歌手であった．人気の絶頂期には，今でいえばさしずめアイドルタレントにあたる彼の行くところ，どこもかしこも若い女性ファンが待ち受け，その人波をかいくぐるだけでも大変なほどであった．だが，やはり人気というのはそう長く続くものではない．出すレコード，レコードが飛ぶように売れるのが当たり前だったのが，次第に売れ行きにかげりが見えはじめてきた．また，次々に新しいルックスのよいライバル歌手もあらわれ，平田は内心次第にあせりを感じはじめてきた．

そのような時，地方の巡業に出ていた平田は体の異常を感じた．体が熱っぽい状態がいつまでも続いていたのである．初めはただのかぜだろう，くらいに考えていたのだが，なかなか良くならないのだ．平素健康には自信のあった彼もさすがに心配になってきた．そこで，公演の合間に病院に行き医師の診断を受けた．そして，その結果を告げる医師の言葉を聞いて彼は愕然（がくぜん）とした．

「結核ですね．かなり進んでいる．療養施設にすぐ入って下さい」

戦後間もないころまでは，結核は不治の病とされ，医療が進歩しつつあった当時であっても結核に侵されるということは，その療養に少なくとも数年以上を要し，実質社会からリタイアすることを意味することであった．

平田は目の前が真っ暗になるのを感じた．これまで，何の気なしに歌手としての活動を行ってきて，いつの間にか人気者になっていた．しかし，もうこれで休みの日には垂涎の的であった外車を乗り回すほどの収入も，ファンだけでなく周囲のあらゆる人からチヤホヤされることが日常だったこれまでの生活も全てがなくなってしまうのだ．診断を聞いた後も彼は呆然としてしばらく病院の前にたたずんでいた．

結核は空気感染の危険がある病気である．そのため平田は，ただちに長野県にある隔離された療養施設に収容されることになった．彼はその際にこれまでに受賞した幾多のトロ

フィーや賞状，ファンレターの山などの全てを処分した．若手の人気歌手としての自分の存在はもうこれでおしまいだ．仮にその後，少なくとも5，6年，長ければ10年以上たって芸能界に復帰したとしても，すでに下り坂になっていた人気から考えると，もうこれまでのような活躍はおそらく見込めないだろう．もう，俺は死んだようなものだ．こう思うと彼は，これまでの活躍がまほろしのように感じ，それらを見るだけで虚しくなってくるのだった．

　こうして暗澹たる思いで入所した施設での生活は単調なものであった．特効薬もなかった当時では，回復には静かに過ごして自然の治癒力に任せるしかなかった．来る日も来る日も熱っぽい体をベッドの中にうずめ，変わったことといえばたまに表に出て散歩をすることがあるくらいだった．医師の診察は定期的に行われはしたが，いつも決まった言葉は「長い目で考えていきましょう」だった．

　医師や看護士をはじめ施設の職員は，彼が有名なスターだったことは承知していたが，そのことには誰も触れなかった．それが自分に対する思いやりであることは，十分に理解できたが，彼にとってはそのことさえも切なく感じ，ベッドの中で密かに涙を流すこともあった．施設の人々は誰も優しく接してくれたが，彼にはそれに対して十分に応える気力もなかった．無気力に対応するのみであったのである．

　まだ寒い早春のある日，いつも通り朝の検温にきた顔なじみの女性看護士が微笑みながら言った．

　「今日はいい天気ですね」

　世間としては，本格的な春を予感させるような晴天なのだろうが，相変わらず平田の中には寒風が吹きすさんでいた．その言葉に対しても無表情で次のようにつぶやくのが精一杯だった．

　「そうですね……」

　平田よりも十は年上だろうか．優しい中にも何か毅然としたものを感じさせるその看護士は，一瞬間をあけるとあらたまった口調で言葉を続けた．

　「平田さん，外を見てみなさい」

　言葉の勢いに促され，平田は窓の方に顔を向けた．まだまだ寒い時期なので，枯れ野が一面に広がっている．

　「あんなふうに，外はまだ枯れ草だらけだけど，それでもあの下には新しい芽が育っているのよ」

　よく見ると確かに薄茶色一色に覆われた地表の下に，ちらほらと小さな緑が見えていた．

　「寒くて厳しい現実の中でも新しい芽は伸びていくのよね．平田さんにもよく探せば新しい芽が何かあるんじゃないかしら」

　「新しい芽……」

　とてもそのようなものがあるとも思えなかった．だが，かといっていつまでもこのままの状態でもしかたない．これからのことを真剣に考えなければならないだろう．彼女の指摘は，平田の心の中にわずかばかりではあったが変化を与えたのである．

そして，それからしばらくたったある日，やはり検温の時である．いつも通り検温が終わり用具の後始末をしている時，上機嫌だったのか看護士は鼻唄を歌っていた．何気なく聞いていた平田は，その曲に思い当たるものがあった．

「看護士さん，その曲……」

「え？　あ，これ．これは私の妹がね，よく歌っていた曲なのよ．何でも何かのリサイタルで聞いた曲とかで，レコードにもなっていないとか言ってたわね」

その曲は平田がつくったものだった．巡業の移動中の暇つぶしにつくった曲で，どこかの公演の中で披露したことはあった．自分としても軽い気持ちでつくったものであり，大したものでもないと思っていた．

「これ，いい曲よね．何でレコードになっていないんだろ」

「いい曲ですか」

「いいと思うわ．何か感じるものがあるわ」

彼女もそれが平田の曲とは聞いていなかったらしい．それだけに率直な感想であるのだろう．

「俺の曲をいい曲と言ってくれる人がいる」

自分という人間の存在意義を見出せなくなっていた平田にとって，このことは雷鳴のように心の中に響いた．冷たい土壌を突き破る新芽の息吹が感じられた．その後，彼は体調の良い時にかつてつくった曲を思い出しながらギターを弾いて楽譜に書き留めた．時にはそれに歌詞をつけて病棟の中で歌ってみせた．反応は上々で皆一様に良い曲だ，勇気づけられると口々に言ってくれた．

それからの平田の病状は薄紙をはがすようにではあるが徐々に好転し，入所してから四年後に完全に病気を克服して，社会復帰を果たすことができたのである．平田は迷うことなく作曲家を志し，専門的に何年か勉強したのち，次々に新曲を発表した．それはいずれも大ヒットを記録し，瞬く間に彼は有名作曲家の仲間入りをしたのである．中でも「瀬戸の花嫁」や「夜空」は歌謡界の最高峰の賞を受賞し，現在でも歌い継がれる名曲として歌謡曲史上に名前を残している．

絶望の淵で臨んだ療養所生活の中で芽吹いた新しい芽は，たくましく成長し見事に大輪の花を咲かせたのである．

註

1）オンライン・コミュニケーション上での平均使用語彙数は 8000 語と推定されるのに対し，一般的な理解語彙数は 40000 語と考えられる（荻原 2014）．

2）testyourvocab. com/blog/2011-07-25-New-results-for-native-speakers. php#main chartNative.

3）日本人の語彙量についてはいくつかの研究があるが，2 万から 4 万というのが妥当なようである（荻原 2014）．

4）句の中心となる主腰部（X）とそれを補う補部（Y）が結合して X（X バー）をつく

り，それらがさらに階層的な構造となって文を形成するという統語上の構造.

5）岡野（2000）は全ての記憶のネットワークには，その記憶の内容が判断できるタグがついている，としている.

6）文化庁の 2013（平成 25）年度「国語に関する世論調査」では，名詞や擬音の一部に「る・する」を付けて動詞化した造語について，「ディスる」（5.5%）と「タクる」（5.9%）を「使うことがある」人は全体では 1 割未満だったが，16 歳〜19 歳（34.1%）と 20 代（33.7%）は 3 割に上る. また，この傾向は若者同士のコミュニケーションにとって必須ともいえるメールや LINE などのネット通信における顔文字や絵文字，またいわゆるスタンプの多用にも関係しており，感情を直截的に表現するという点では共通であろう.

7）もともとはヘッブ（Hebb, D. O.）が 1949 年に提唱し，近年ニューロンの同期発火による局所化という新たな見解が唱えられているニューロン間の機能的結合である局所的セル・アセンブリ（cell assembly）（櫻井 2010）仮説に基づく.

8）嗅覚には記憶やそれに伴う感情を呼び起こす作用があり，フランスの作家プルーストの作品に主人公が紅茶にひたしたプチ・マドレーヌ香りで過去の記憶を呼び起こす場面があり，この名がついた.

9）作曲家の故平尾昌晃氏がモデルであり，この話は事実をもとに脚色したものである.

10）知識と記憶は半ば同一視されているが，記憶を人間の適応上必要なものを構造化，体系化したものが知識といってよいであろう.

11）攻撃的な内容のゲームに夢中になっている子どもの脳にはドーパミンが多く分泌されており，中毒状態になってしまうという（岡田 2005）.

文献

Kohler, E., Keysers, C., Umilt, M. A., Fogassi, L., Gallese, V., and Rizzolatti, G. (2002). Hearing sounds, understanding actions: action representation in mirror neurons. *Science*, **297**, 846-848.

Tomasello, M. (2019) *Becoming Human*. The Belknap Press of Harvard University press, p. 20.

荒木博之（1983）『やまとことばの人類学』朝日新聞社，p. 124.

イアコボーニ，M.，塩原通緒訳（2011）『ミラーニューロンの発見』早川書房，pp. 147-153.

乾敏郎（2010）「言語獲得と理解の脳内メカニズム」『動物心理学研究』60(1)，59-72.

ウォーフ，B. L.，池上嘉彦訳（1956 新装版 1993）『言語・思考・現実』講談社（講談社学術文庫）.

岡田尊司（2005）『脳内汚染』文藝春秋.

岡野憲一郎（2000）『心のマルチ・ネットワーク』講談社，p. 69.

柿澤暁（2019）「依存症における親密性回避の問題についての考察」『人間学研究論集』

（武蔵野大学）**8**，1-16.

カーソン，R.，池村千秋訳（2009）『46 年目の光』NTT 出版，pp. 192-195.

櫻井芳雄（2010）「脳の情報表現を担うセル・アセンブリ：局所的セル・アセンブリの検出」『生物物理』**50**(2)，084-087.

澤口俊之（1997）『「私」は脳のどこにいるのか』筑摩書房，p. 64.

シャンク，R. C.，長尾確・長尾加寿恵訳（1996）『人はなぜ話すのか』白揚社，p. 199.

荻原廣（2014）「日本人の語彙量（理解語彙，使用語彙）調査を行うにあたっての基礎的研究」『京都語文』**21**，1-30.

ピンカー，S.，椋田直子訳（1995）『言語を生みだす本能（上)』日本放送出版協会，p. 133.

ピンカー，S.，椋田直子・山下篤子訳（2003）『心の仕組み（中)』日本放送出版協会，p. 145.

フランクル，V. E.，諸富祥彦監訳（1999）『〈生きる意味〉を求めて』春秋社，p. 44.

第6章
道徳性教育と地域学習

はじめに

小学校では2018（平成30）年度，中学校では2019（平成31）年度から，それまでの「道徳の時間」が教科化され「特別の教科 道徳」がスタートした．この「道徳科」では，「考え，議論する道徳」が謳われ，新たに設定された教科書に基づいた授業実践が展開されている．もとより道徳性は人間同士の関係において発揮されるものであり，授業の中で示された道徳的な問題の解決を図るべく考え議論し，価値のある意見が多く出されたにしても，そのことがその後の実生活に生かされなければ意味はない．ただし一般に浸透している人間の行動パターンイメージのように，道徳的な心情を養うことによって，道徳的判断力が磨かれ，道徳的な実践につながっていく，という図式からすれば，「道徳科」における議論は十分有用なものとなる．

だが，それでも単純に考えて座学の中で道徳性を発揮すべき場面をイメージする「思考実験」だけで実践力が本当に身についていくのかという疑問は生じる．文部科学省もこの点については理解しており，学習指導要領において道徳教育の目標を達成するために体験活動の活用を認めている．したがって重要なのは体験活動のあり方ということになるだろう．本章では，「道徳科」授業と体験活動を組み合わせて学習活動を展開していくことの有効性を踏まえた上で，現代では失いつつある我々の伝統的な地域社会の営みが持っていた道徳性涵養の機能に着目する．次いで生徒自らの手で体験的に地元地域を調査し成果物を作成，活用することが，地域社会への関心を高めると同時にその機能の理解を深めることを確認する．そしてさらにそのことが道徳性の育成へとつながっていくことを，広範な体験活動が可能となる中学校での「総合的な学習の時間」における事例を挙げて示していく．

1．地域体験活動と道徳性の育成

　学習指導要領における「道徳科」の目標は「道徳的諸価値についての理解を基に，自己を見つめ，物事を広い視野から多面的・多角的に考え，人間としての生き方についての考えを深める学習を通して，道徳的な判断力，心情，実践意欲と態度を育てる[1]」ことである．そしてそれを推進していくには「主体的・対話的で深い学びの実現に向けた授業改善[2]」を通して「道徳的な課題を一人一人の生徒が自分自身の問題と捉え，向き合う「考える道徳」，「議論する道徳」へと転換を図る[3]」必要性があるとされている．

　このように文部科学省としてはいわば重大な決意をもって道徳を教科化したのであるが，その背景には次のようなことが挙げられている．たとえば道徳教育そのものを忌避したり，他教科等に比べて軽んじられがちな風潮によって，道徳授業が計画通りに実施されなかったりすることがあり，また授業においても読み物の登場人物の心情理解のみに偏る形式的な指導が行われがちであった[4]．これらについては，根本的にはこれまでの「道徳の時間」が教科ではなかったことによるところが大きい．

　またこうした「内部事情」に関係なく，今日的な社会情勢を見れば道徳的な問題が山積しているのは明らかである．学校内に限らず SNS を使った誹謗中傷は，ターゲットになった人物を自殺に追い込むといった痛ましい事案を複数発生させ，またスポーツ競技会において競技に専心しているアスリートを盗撮し，その画像を恣意的に加工して SNS に勝手にアップするといった悪質な事例も目立っている[5]．さらに世界的にも人種や民族，宗教等の違いによる社会や人々の分断による様々な軋轢が深刻化している．こうした現実から考えれば，人間としての生き方を深く考えさせる道徳教育は，何よりも優先して行われなければならないのは間違いない．

　だがこうした内容を児童生徒に現実的また危急の問題として理解させ，さらには問題の解決に向けた能動的な態度を育成していくためには，教室内での議論だけでは十分とはいえないだろう．人間というのは周囲の影響を受けやすく，悪いと分かっていてもそのときの状況によって道徳に反する行動をとってしまう傾向がある[6]．まして SNS では，パソコンやスマホの簡単なキーの操作１つでいくらでも他者に深刻な影響を与える行動をとることが可能である．こうし

た点から考えると，道徳性を涵養していくためには教室内の「思考実験」にとどまるのではなく，教室外，学校外の環境の中で実践的な体験活動への取り組みも必要となるはずである．

　もっとも学習指導要領では，道徳教育においては「道徳科」授業を「要として学校の教育活動全体を通じて行う」ものであり，「問題解決的な学習，道徳的行為に関する体験的な学習等を適切に取り入れるなど，指導方法を工夫」し，さらに「特別活動等における多様な実践活動や体験活動も「道徳科」の授業に効果的に生かすようにする」としている．つまり「道徳科」授業を中心としながらも，他の教科領域での実践的な学習との効果的な連携を促しているのである．教育課程上からすると，前述のように学習指導要領では「特別活動等」となっているが，現実を踏まえるなら実践的体験的な学習活動が保証され展開され得るのは「総合的な学習の時間」をおいて他にはないだろう．実際，探究的な見方・考え方を働かせ，横断的・総合的な学習を行うことを通して，よりよく課題を解決し，自己の生き方を考えていくための資質・能力を育成することを目標としている「総合的な学習の時間」では，学習指導要領（2017（平成 29）年告示）の「第 4 章「総合的な学習の時間」」「指導計画の作成と内容の取扱い」において「第 1 章総則の第 1 の 2 の(2)に示す道徳教育の目標に基づき，道徳科などとの関連を考慮しながら，第 3 章特別の教科道徳の第 2 に示す内容について，「総合的な学習の時間」の特質に応じて適切な指導をすること」と記されている．このことから考えれば「総合的な学習の時間」の授業に道徳教育としての意義を持たせることの意義は大きいといえる．

　黒羽（2019）はデューイ（Dewey, J.）の思想を援用しながら，「総合的な学習の時間」における体験と道徳教育の関係について，「経験化の過程は感動性を伴った情意に裏打ちされたものでなければ，子どもの感情や意志から切り離された抽象的な世界を創り出すだけ」であり，そのため道徳教育に体験活動が要請される必要性があると述べている．個人にとっての体験は世の中における諸概念を形成する上で欠かせないものであるが，突き詰めれば全ては主観的なものであり，道徳的要素の裏付けがなければいくらでも恣意的な素材となり偏った概念形成を促進することにもなりかねない．だがこれは情意面からもいえることであり，体験的な要素のない概念形成もまた問題となる．つまり「総合的な学習の時間」に代表される教育的に妥当な体験に，人間として普遍的な情意を醸成する道徳教育を融合させてこそ，十分な概念形成が図られるということに

なる．

　また福島（2018）は，「総合的な学習の時間」における体験活動の意義は認めつつも，道徳的価値観の裏付けに欠ける実践の問題点を指摘している．福島は医療の立場から高齢化社会では避けられない認知症患者への対応に向け，小学生及び大学生に対して認知症についてのアンケート調査を行った．結果は予想に反し，小学生も大学生もあまり変わらないものであり，認知症に対する意識は共通して「かわいそうな人」「できない人」であった．これは現在の「総合的な学習の時間」の中での障がいについての体験活動が，視覚障がいを理解するためにアイマスクをしたり，高齢者の日常生活動作の低下を体験するために身体に負荷をかけたりする，といったように障がいについてのネガティブな部分だけを強化してしまうものとなっているためと考えられる．もちろんこうした疑似体験は貴重な機会であり，体験そのものは推進していくべきであるが，これからの超高齢化社会を支えていく人材を育てていく上では，障がいに対してもポジティブにとらえ共生していく意識を強く持たせることが必要であろう．

　福島はこうした体験活動をより効果的なものにしていくためには，学校教育段階で児童生徒に「道徳科」授業によって関連する道徳的価値観を明確に持たせることが重要であり，枠組みとして，相互に啓発する「総合的な学習の時間」と「道徳の授業」のリンクした形態が必要となると指摘している．

　以上のことから分かるように道徳性は行動と結びついて初めて本質として内面化していくのであり，そのためには体験をすることが欠かせない．また一方で人間の行動も体験の内容によって，どのようにも変化するものであり，より正しい行動をとることができるようにしていくためには，道徳性を確実に身につけていく必要がある．このように道徳性を確かなものとして内面化していくには「総合的な学習の時間」での体験活動に「道徳科」授業を組み合わせていくことが大きなポイントとなっていくのである．

2．伝統的な地域社会における道徳性の育成

　「道徳科」授業と「総合的な学習の時間」での体験活動の組み合わせの重要さは前項で示した通りである．ただし体験活動なら何でもよいというわけではない．そこには土着的ともいえる地域性が必要である．

　田代ら（2008）は，「総合的な学習の時間」で地域を素材にすることの意味に

ついて，「地域の現実を課題に取り込んで学習を展開することは，子どもにとって，イメージしやすい目の前の現実に即した学習として効果的」であり，また様々な課題について，地域にとってそれがどのような位置付けとなるのかということから出発して，次第に視野を広く持たせることが，児童生徒にとって多面的な思考を生かした生き方の確立と人間形成に寄与することになる，と述べている．児童生徒に生き方への示唆を与え人間形成に寄与することに資するものとなるのは，結局地域の中で共に協力し助け合いながら生業を維持して地域の発展に尽くしている人々の息遣いに触れることであろう．さらにこのことについては，次に挙げる 2 つの知見が大きな示唆を与える．

　1 つは日本の伝統的な村落の営みである．下田（2020）によれば，かつての日本の社会では地域の民俗芸能や年中行事を支え，その活動を担っていたのは「若者組」であった．「若者組」は，そうした活動の主体となって運営するだけでなく，たとえばけがや病気で農作業ができなくなった家があれば皆で手伝いに行き，けが人病人は背負って医者のところまで連れ行ったという．普段の特に何もないときには仕事の合間に今と同じように若者が集まってとりとめもない話などに花を咲かせていても，ここぞというときには大きな力を発揮する頼もしい存在であったようだ．

　もう 1 つは，アフリカの伝統的狩猟採集民の生活である．モフェット（2020）は自分の手柄や成果を誇示することはタブー視され，むしろその当該者が無視されたり時には嘲笑されたりする伝統的アフリカ狩猟採集民のバンドにおける自然発生的な規範は，「主張をはっきり打ち出すことや，他の人たちに指示を与えようとする行為」に対して，当該者をバンドから追放するなり，バンドそのものがその者を残して移動してしまうなりしてバンド全体が抑圧し，常に「多数派が示し合わせて，自分本位の者，権力を欲しがる者，自慢する者に待ったをかける」ことで維持されてきたと指摘している．

　一見空間的にも時間的にも，遠く離れたかつての日本の農村集落とアフリカ狩猟採集民の生活スタイルではあるが，そこには人間の社会集団の根源としての共通項がある．農地を基盤にした定住村落であれ，狩猟採集によって生活の糧を得る移動性のバンドであれ，構成メンバー全員による協力行動がなければ集団を維持していくことはできないのである．村落共同体では通常の農作業は家族単位で行っていても田植えや稲刈りといった大規模作業となれば，メンバー全員が総出で協力しなければやり遂げることができない．また家の建築や

修繕，メンテナンスも同様である．したがって困っている者がいればそれを助けるのが当たり前であり，率先して行動できる若者たちに自然にその役割があてがわれたということになるだろう．

一方，サバンナにおける狩猟採集においては，腕の立つ者がいても一人で狩りを行うのは不可能である．獲物を追い立てたり罠をしかけたり，また獲物の運搬から道具の作成，メンテナンスなど様々な役割が必要となり，それらのどれが欠けても食料資源を恒常的に手に入れることはできない．全ての役割は平等なのである．その平等を崩すような動きが出てくれば集団の維持に危殆が生じてしまう[15]．

つまりは我々人間の社会というのは，つい最近までは基本的に限定された地域における土着集団の範囲内で自活し生死を共にしてきたのであり，当然ながらその生活の中での様々な体験を通して相互に助け合い励まし合うことをメンバー全員が学び実践してきたということなのである[16]．そうした営みがあってはじめて村落であれバンドであれ，時折襲う飢饉や旱魃，疫病等，集団存亡の危機を乗り越えることができたはずである．したがって地域を支え維持することなる相互扶助の道徳性というのは，集団での様々な生産的，文化的諸体験を通して初めて確固たるものとして人々の中に定着したわけである．

一般に大人が住みたがる居住地は自分が育ち，人格形成に影響を与えられた環境に似ている場所である（ウィルソン 2016）これは土地，つまり地域に対する我々の人類としての遺伝的バイアスを示すものといえるだろう．そして土地，地域というのはそこにある資源を利用して生活の糧を得てきた場所であることから，現在においても仕事をするということとその場所の地域性とは意識の上で密接な関わりを持つことになる．こうしたことから地域資源というのは生きていくことを保障する重要なものであるという認識を人間は本能として持っており，極めて重視しなければならない要素なのである．

ところが現代社会では，地域の中における人々同士の交流が希薄になったことによって，大前提となる地元地域そのものへの関心が低下することとなってしまった．そのため当然ながら普段の生活場面の中で道徳性を学ぶ機会というのもまた非常に少なくなった．このことから考えれば，まずは地元地域に対して関心を持つことができるような体験活動を行うことによって，地域社会というのが，ただ人が集まって居住しているというだけではなく，それぞれの役割を果たしながら相互に協力し合う共生の場であるということを認識させていく

のが道徳性を育成していく上での基本となるだろう.

　こうした観点からの取り組みとして，筆者がかつて在籍した千葉県白井市立南山中学校における 2014（平成 26）年度の事例を次に示す.

3．千葉県白井市南山中学校「発見！ わが街白井」の　地域調査活動

　地域における体験活動というと，多くはその地域に昔から伝わる伝統芸能などに触れてみたり実際に演じてみたりするといったものである．もちろん，そうした取り組みは非常に重要なものであり，どの地域でも奨励されるべきであろう．ただしここで取り上げる事例はその前段階ともいえる活動である．たとえば伝統芸能であっても，それがいつ何のために生まれ，どのような変遷を経て現在に至っているのか，といったことを理解することなしに体験したところで，その意義や重要性というのは当事者である生徒本人にはあまり伝わらず，表面的なもので終わってしまうかもしれない．こうしたことから考えれば，まずは自分たちの住む地域にはどのような歴史や文化があり，これからどのような方向に進んでいくのか，といったことを理解する学習活動が前提としてあるべきである．そしてその際には，その学習活動が単に教室での座学に終わるのではなく，直接地域に出て地元で生業を営む人々を対象に調査するということが必要であろう．さらに本活動事例では，地域コミュニティ紙を発行する企業と連携し，生徒たちが取材した内容を記事としてコミュニティ紙面に掲載している．つまりこの取り組みは，地域に関する新聞記事を掲載する記者としての体験活動という位置づけにもなっているのである.

（1）　南山中学校の概要

　白井市立南山中学校は，千葉ニュータウンの中に位置し北総線白井駅周辺の開発に合わせ 1981（昭和 56）年に大山口中学校から分離開校した．2014（平成 26）年度は全校 13 学級生徒数 346 名，1 学年は 3 学級 105 名の規模である．生徒のほとんどはニュータウン地区に居住しており，白井の歴史や地理，文化といった内容にはあまりなじみがないのが実態である.

（2）活動内容

① 概要

2014（平成 26）年度では，1 年生 3 クラス各 6 班，合計 18 班が白井市を代表する史跡や施設，事業所，また昔の様子を知る個人を訪問取材し，その内容を千葉県内最大の発行部数を誇る[17]株式会社地域新聞社が発行する「ちいき新聞」千葉 NT 版に掲載するというものである（**図6-1**）．新聞社側は記事掲載だけでなく，取材の前後に来校し，取材に関するポイントをレクチャーする事前授業と取材後のプレゼンの評価を行った．取材内容については，取材先を「白井のルーツを探る」「現在までの白井を知る」「これからの白井を考える」の 3 つのテーマに分類して選択し，白井のこれまでの歩みと現在の姿，そして今後を展望する流れとなるように構成した．

② 目的

・白井市の歴史や伝統的な産業について取材し，広く発表することにより，生徒の郷土意識を深め，地域に対する愛着を持たせると同時に，白井の歴史や文化への一般住民の関心を高める．

・生徒が取材した記事を「ちいき新聞」紙へ掲載することにより，社会の中で 1 つの仕事を成し遂げた充実感，達成感を実感させるとともに，広くそれが認知されることにより活動への自信を持たせる．

・企業から講師を招き専門的な指導を受けることにより，職業への理解を深め，職業人の仕事に対するプロ意識を学ぶ．

図 6-1 「ちいき新聞」千葉 NT 版（2015 年 3 月 13 日号）に掲載された記事

③ **連携企業**　株式会社地域新聞社（以降「地域新聞社と表記する」）（編集センター）

④ **実施時期 (2014 (平成26) 年度)** 9月～11月の範囲

⑤ **活動の流れ**

1）オリエンテーション（全体）

・活動の概要の説明

・職業の意義についてのレクチャー

2）地域新聞社レクチャー（全体）

・編集センター次長さんに来校いただき，地域新聞社の概要と取材をする上でのポイントをレクチャーしてもらう.

3）取材先の決定と取材先の下調べ，分担等

・班ごとの取材先が決まったら，図書室資料やインターネットでそこに関する調べ学習を行う.

・取材時の役割分担を決め，シミュレーションを行う.

4）事前指導（全体）

・当日のスケジュール，持ち物等の確認

・緊急時の対応の確認

5）取材当日（図6-2）

・午後から班ごとに取材場所へ出発

・持ち物は要項等が綴られたファイル，筆記用具，班長はカメラ

・当日以外に取材実施の班は図書室で自習

・取材から戻った班は教室へ. 早く帰ってきた班は教室で自習

6）お礼の手紙作成

・遅くならないうちに作成し，学校からの礼状と合わせ郵送

7）記事とプレゼン資料作成，ゲラ内容確認

・記事原稿作成とプレゼン資料の作成を並行して進める.

・記事が完成したら，その都度地域新聞社へ送付

・地域新聞社からゲラがあがったら，取材先へ照会. 修正がある

図6-2　取材風景

場合は修正稿を地域新聞社に入稿

8）新聞完成

・記事が掲載された号は，20部程度学校へ送付してもらう.

・記事の部分を拡大コピーして学年廊下へ掲示

9）プレゼンテーションの実施（全体）

・各取材内容を班ごとに実物投影機を使ってプレゼンを行う．地域新聞社編集センター次長さんに再び来校していただき講評をお願いする.

・プレゼン資料は学年廊下に掲示

⑥ 取材箇所

　表6-1から表6-3に示す3つのテーマにしたがったそれぞれ6か所を取材箇所とした.

⑦ 留意点

・当日取材の移動手段は徒歩，自転車，循環バスとし，あまり遠くない範囲とする．自転車を使う場合は，学校まで押してきて，ヘルメットを貸し出す形とする.

表6-1 「白井のルーツを探る」

No.	組	班	名称	取材対象者	住所（詳細省略）
1	A	1	みたらしの池（市史跡）	市役所文化課	白井市
2	A	5	清戸の泉（市史跡）	市役所文化課	白井市
3	A	3	秋本寺	住職さん	白井市
4	A	6	鳥見神社	宮司さん	白井市
5	A	2	佛法寺	住職さん	白井市
6	A	4	八幡神社，熊野神社	しろいふるさとガイドの会	白井市

表6-2 「現在までの白井を知る」

No.	組	班	名称	取材対象者	住所
7	B	6	Mさん（梨農家）	本人	白井市
8	B	5	Mさん（梨農家）	本人	白井市
9	B	3	やおばあく（JA直売所）	店長さん	白井市
10	B	2	日本中央競馬会競馬学校	総務部	白井市
11	B	4	Iさん（延命寺住職）	本人	白井市
12	B	1	Uさん（農家）	本人	白井市

表 6-3　「これからの白井を考える」

No.	組	班	名称	取材対象者	住所
13	C	3	白井市長	市長	白井市
14	C	5	社会福祉協議会	ボランティアセンター	白井市
15	C	2	白井駅前交番	印西警察署地域課	白井市
16	C	4	UR 都市機構首都圏ニュータウン本部	千葉業務部業務推進チーム	印西市中央
17	C	1	白井駅	駅勤務担当者	白井市
18	C	6	市役所環境課	市役所環境課	白井市

表 6-4　「総合的な学習の時間」における活動計画

時数	月	日	曜	時	活動内容	T新聞社との連携	備考
					8/21～学年職員で取材先に依頼文書持参, あいさつ, 打合せ		
1	9	19	金	6	オリエンテーション（全体）		
2	9	22	月	5	T新聞社レクチャー　場所体育館	担当者来校レクチャー	
3	9	26	金	6	取材先決定		
3	10	3	金	6	班ごとに取材先の下調べ　取材内容の確認, 分担, あいさつの練習		
4	10	6	月	5			
5	10	10	金	6			10 日前期終業式（前後期制）
6	10	17	金	6	取材当日シミュレーション, カメラの使い方		取材先へ電話連絡
7	10	29	水	6	事前指導		
8	10	31	金	5	取材当日		
9				6			
10	11	5	水	6	お礼の手紙作成		
11	11	12	水	6	原稿作成 プレゼンテーション準備（シート, 原稿作成）	原稿が完成した班から随時送付	
12	11	14	金	6			
13	11	17	月	5	プレゼンテーション準備（シート, 原稿作成）		
14	11	21	金	5	プレゼンテーション当日　場所体育館（保護者にも公開）	来校し参観, 講評	
15				6	各班ごとに実物投影機でプレゼン		

・地域情報紙の特性上，取材先はなるべく営利目的の企業，商店は避け，公共性の強い個所とする．

・取材先が他中学の学区の場合は，職員がなるべく同行するようにする．

・生徒及び取材先の氏名，写真掲載については，事前に主旨を説明した上で承諾書を提出してもらい承諾が得られた場合のみ掲載する．

・ゲラが完成した段階で取材先にFAX等で送り，内容を校正してもらう．

・「総合的な学習の時間」を中心に活動を行うが必要に応じて学活の時間も使い，後日振り返る形にした．

⑧ **活動計画（2014（平成26）年度） 15時間計画**

　表6-4に示したように，2か月間「総合的な学習の時間」を集中的に充てて活動を行った．

（3） 生徒への影響

南山中学校でのアンケート調査

1）調査対象と実施時期

　南山中学校1学年　2014（平成26）年度11月時点在籍の男子55名，女子49名，計104名のうち調査時に出席していた男子54名，女子47名，計101名を調査対象とした．調査を行ったのは2015（平成27）年7月13日である．[18]

2）調査方法

　対象生徒に「発見！ わが街白井」の取材を終えて，「ちいき新聞」に記事が掲載された後にアンケート調査を行った．ここで取り上げる質問内容は，「「ちいき新聞」に記事が掲載されて，取材したかいがあった」「今回の取材や記事の制作は充実していた」「今回の取材や記事の制作で自分の力を伸ばすことができた」の3つである．回答は，① 大いにそう思う，② どちらかというとそう思う，③ あまりそう思わない，④ まったくそう思わない，の4件法で行った．

3）結果と考察　N＝101

　「「ちいき新聞」に記事が掲載されて，取材したかいがあった」「今回の取材や記事の制作は充実していた」の質問については，**図6-3**，**図6-4**のように「大いにそう思う」「どちらかといえばそう思う」と回答した者が圧倒的に多かった．この活動に対して，意欲的に取り組み充実感を味わうことができたことを示している．同様に**図6-5**の「今回の取材や記事の制作で自分の力を伸ばすことができた」に対しては，「大いにそう思う」「どちらかといえばそう思

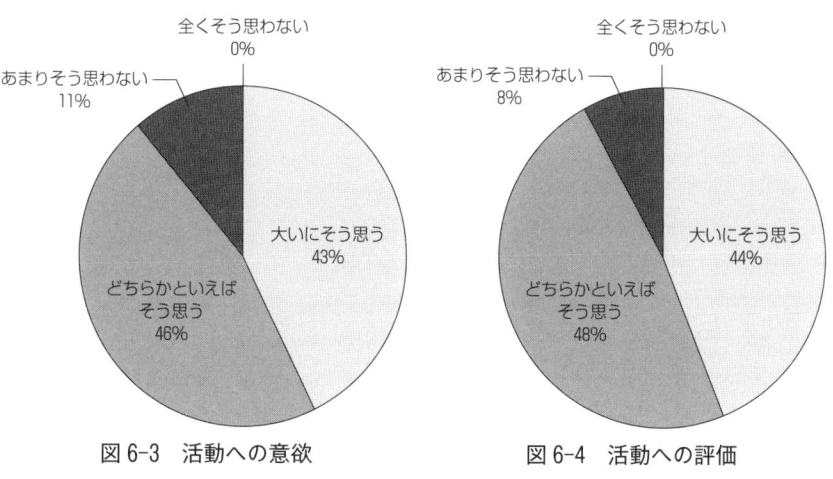

[新聞に掲載されて取材したかいがあった]

図 6-3　活動への意欲

[取材や記事の制作は充実していた]

図 6-4　活動への評価

[取材や記事の制作で自分の力を伸ばすことができた]

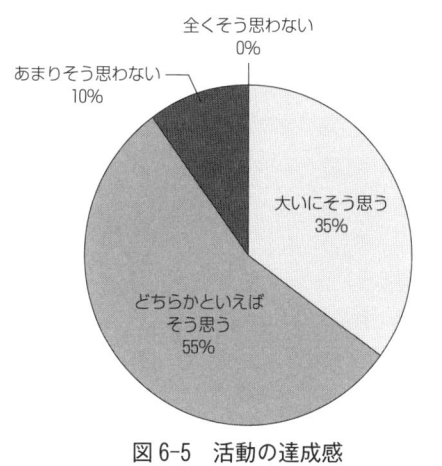

図 6-5　活動の達成感

う」が 90%に達しており，生徒の多くは活動に手ごたえと達成感を感じていたことが分かる．

本学区は典型的なニュータウン地区で，家庭のほとんども他地域からの転入者であり，そのため生徒のみならず保護者も地元地域の歴史や地理，産業，文化といったことについては知識は乏しい．結果として地元地域に対する関心も

低く，生徒たちもニュータウン地区以外の場所にすら，あまり行ったことがないという状態であった．しかし昔からの地域の営みやニュータウンが生まれ発展してきた経緯，さらにこれからどのような展望が考えられているのか，といったことを取材する中で理解を深めていくことができ，そのことが生徒の前向きな姿勢をつくっていったと考えられる．

（4）　道徳授業での取材した記事の資料化

前述の通り生徒たちが班ごとに取材した記事は「ちいき新聞」に順次掲載され，生徒全員がこの活動に関わることができた．したがって，これら記事というのは一方的に与えられたものではなく，まさしく自分たちでつくり上げた愛着のあるものということになる．そこで，これらの記事を学習指導要領内容項目の「勤労」や「公共の精神」そして「伝統と文化の尊重　国や郷土を愛する態度」にあたる授業において，参考資料として活用した．用い方は記事を全員が見えるほどに拡大したものを黒板等に掲示し，授業後はそのまま廊下に掲示して学年掲示物として活用した．

授業での活用方法としては，導入として記事を読み，取材対象者等の仕事への姿勢や地元地域の文化財や歴史を確認することで，教材を通しての学習への意欲化を図るといったもの，また反対に終末の部分で読み物教材と関連する記事を取り上げ，教材中のバーチャルなイメージから現実の身近な世界へと意識を向けさせるといったものが挙げられる．

（5）　活動の意義と課題

① 記者としての体験活動とコミュニティ紙へ掲載

本活動は前述したように地域について地元の人々にインタビューを行い，その結果を学校内でまとめ発表するだけでなく，記事として全ての班の取材内容を地域新聞社が発行する「ちいき新聞」に掲載するものであった．したがって生徒としては地元地域の歴史や文化，産業を読者に分かりやすく伝えるという記者としての体験活動ということになる．この立場をとることにより，言わば対等な立場で取材対象である地元の人々と接することになり，より客観的な認識を持つことになったと考えられる．

そして「ちいき新聞」の記事として署名入り[19]で掲載されたということは，生徒にとっては事後アンケート調査からも示されている通り，誇らしいことであ

り，達成感を感じられるものである．実際，掲載後は読者からもこの活動に賛同する声もいくつか寄せられている[20]．

② 時系列的な取材テーマ

これも前述したように，取材内容は「白井のルーツを探る」「現在までの白井を知る」「これからの白井を考える」というように時系列的に3つのテーマに分類して行った．これによって地元地域の過去から現在の歩みを踏まえ，これからの進む方向性を考えていく，といったように読者にとってもまた取材する側にとっても整理された状態で記事の内容を理解することができた．

③ 地域人材の活用

市長をはじめ市役所などの官公署や神社仏閣，また地元の在来農家の方など，地域での存在は知っていても，普段の生活の中で直接地元地域に関する話を聞くといったことはまずないはずであり，こうした機会は極めて貴重である．さらに複数の神社を案内していただいた「しろいふるさとガイドの会」というのは，仕事をリタイアした方々からなる地域の地理や歴史を愛好するサークルであり，地域のために貢献したいという意欲を強く持っている．この活動においても生徒たちの学習に少しでも寄与できるなら，と非常に熱心に協力していただいた．今後進展する超高齢化社会においては，活力のある高齢者の活躍が期待されている．この活動は世代間の交流を通して生活上のマナーなどを学ぶ機会ともなり，今後のあるべき地域社会のあり方を先取りしているともいえるだろう．

④ 道徳教育としての意義

取材対象者と接するにはそれなりの儀礼的な面も含めた手続き的手順があり，対面した際のマナーも必要である．これらのことを守れなければ，当然ながら取材に答えてくれることもなくなってしまう．こうした社会の厳しさ，規範意識というのは，たとえば学校側が全てお膳立てをした体験活動では学べないだろう[21]．生徒たちが主体的に取材活動をするという形式であることに意義があるのである．

一方で，手順を踏んでマナーを守れば，相手はこちらが中学生であっても誠実に対応してくれるということを学ぶことにもなる．「ちいき新聞」掲載記事では文字数の制限もあり，端的に内容をまとめてあるが，実際にはその取材対象者からは非常に詳しい説明をいただき，関連する様々な資料の提供も受けたケースも多い．人と人との良好な関係をつくるには，まずはこちら側が誠意を

持って対応する，ということを学ぶ機会にもなったはずである．

　そして何といってもこの体験活動を通して，地域社会というのが機械的な区画や建物，また生産者，販売者と消費者としての表面的な立場からのみで構成されている訳ではなく，それぞれの人が地縁的，血縁的，そして社会的なつながりという背景を持ち，日夜懸命に仕事や活動に打ち込んでいる，という事実に接するということである．これによって，社会で生きていくということは自己中心の姿勢で通用するものではなく，誰もが身の回りの人々と共生し協働していくことによって初めて成り立つものであるということを理解していくことになる．そして，その成果物としてのちいき新聞記事を「道徳科」授業の資料として活用することによって，地域社会の理解はさらに深化し，道徳性としてそれぞれの生徒に内面化していくはずである．

⑤ **課題**

　大変有意義な本活動であるが，課題も何点か挙げられる．

　まず1点目は，外部の機関組織や個人が活動対象なので，取材許可や連絡調整が煩瑣なものになるということである．地域新聞社との連絡調整からはじまり，取材対象者の許可や当日の動きの調整，取材記事の確認など，その作業はかなりのものとなる．取材先についても施設や史跡関係は許可をもらうのは容易だったが，個人への取材は本地域では初めての試みだったので，意義を説明し許可を得るのに難しい面があった．これら裏方の仕事は教員が行うことになるが，誰がどのように行うかなど，リーダーシップと計画性が求められることになる．

　2点目は，生徒の取材に係る交通手段の確保である．教職員の自家用車で送り迎えをすれば簡単ではあるが，生徒の主体的な活動としていることから，自力での移動としている．そのため市内周辺といってもかなり遠い場所もあり，自転車でも移動が難しい場合がある．前述の通り，市の循環バス（「ナッシー号」）もあるが，本数は少なく授業時間との擦り合わせは難しい場合もあった．また循環バスの定員が34名とそう多くないので，本校生徒が大挙して乗車すると（引率教員あり）バスを占領する状態になってしまった．自転車を使用する場合でも事故があってはならないので，それについての配慮も必要である．

　3点目は緊急時の対応である．この事例では取材当日は天候にも恵まれ，特に大きなトラブルもなく済んだが，天候の急変や交通事故，また何らかのトラブルに巻き込まれるというリスクはある．当日は該当学年の教員は，担当範囲

を決めて巡回するなどの対応をとり，緊急の場合の対応マニュアルも作成していたが，それでももし仮に大きな事故や事件が発生した場合は学校として重大な責任を負うことになる．

終わりに

　以上，「総合的な学習の時間」における地域調査活動の事例を挙げ，そのことに関する道徳教育としての意義を述べた．座学としての「道徳科」が道徳教育の「要」かどうかはともかく[22]，その授業の有効性は決して否定されるものではない．だが，だからといってそれだけに終わっては生徒に道徳性を現実感に欠けるバーチャルなものとしてとらえさせてしまうリスクがある．体験活動をそれぞれの内容に連動して組み合わせることで，道徳性は確かなものとして内面化されるのである．

　一方，「総合的な学習の時間」は，一時いわゆる「ゆとり教育」による学力低下の象徴とも目され，廃止の声が上がることもあった．しかし，現在では「総合的な学習の時間」において探求的な学びを行っている学校ほど「全国学力・学習状況調査」における正答率が高いことが示されるなど[23]，その意義が再確認されている[24]．当然ながら探究的な学習活動は体験的な要素が多く含まれる．だが，いくら探究的な姿勢を持って体験活動を展開したとしても，自身で得た知見を社会のためにどのように生かしていくかという姿勢を持っていなければ，自分本位なもので終わってしまうことになるだろう．そして，そうした傾向を継続して持ち続けた場合，その後得た知見を道徳，倫理に反するような形で応用をするようになっていくかもしれない．この点からも人生の基礎づくりともいえる義務教育段階での体験活動というのは道徳教育の裏付けが必要である．

　本章で取り上げた「総合的な学習の時間」の体験活動事例は，それ自体で道徳教育の役割をも担うものであるが，自主的な活動による視覚化できる成果物をとしてまとめ，それを「道徳科」授業と組み合わせをすることによって，さらに道徳教育としての有効性が高まる可能性を示した．この事例のように企業と連携して活動していくのは簡単ではないが[25]，それをするしないにかかわらず体験活動を行った後に目に見える形で成果物を残し，現実的な資料として活用することは難しくないだろう．こうした工夫を積極的に行うことによって，「総合的な学習の時間」の道徳教育としての意義はより明らかなものとなって

いくのではないだろうか．

註

1）文部科学省中学校学習指導要領（2017（平成 29）年告示）第 3 章特別の教科　道徳　第 1

2）前掲学習指導要領　第 1 章総則第 1 の 2

3）文部科学省中学校学習指導要領（2017（平成 29）年告示）解説　特別の教科　道徳編　第 1 章総説の 1

4）前掲学習指導要領解説．

5）JOC ホームページ　https://www.joc.or.jp/about/savesport/（2020.11.22 アクセス）

6）中学生の非行傾向行為には，逸脱した友人がいることの影響が強いことが示されている（小保方・無藤 2005）．

7）前掲学習指導要領　第 3 章特別の教科　道徳　第 3

8）前掲学習指導要領．

9）「学級活動」が「適応」「健康・安全」「進路」といった分野が事実上決められているのに対し，「総合的な学習の時間」は学習すべき分野の例示はあるが自由度は高い．また「学級活動」は週当たりの授業数が 1 単位時間であるのに対し，「総合的な学習の時間」は 2 単位時間となっている場合が多く，時間的な活用が容易である．

10）前掲学習指導要領　第 4 章総合的な学習の時間　第 1　「目標」より抜粋．

11）前掲　第 3　1 の（7）

12）この主旨の文言は「総合的な学習の時間」だけでなく他の教科にも用いられているが，体験的活動を促す前述の道徳学習指導要領の内容と最も一致するのは総合的な学習の時間だろう．

13）「若者組」が時代を経て姿を変えたのが「青年団」である．

14）この部分は本人の談による．

15）この点については多くの研究者が自身のフィールドワークを基に指摘している（たとえばターンブル（1976））．

16）もちろん広い範囲で移動しながら生活する狩猟採集民と農地を生活の糧として定住生活をしている農民とでは，生活様式は異なる．だが双方とも広さの違いはあっても一定範囲の中で生活し，周囲との交流も限定的であったという点では根本的には同じである．

17）現在は総発行部数 240 万部である．

18）調査時では 2 学年である．

19）記事に生徒の取材者として生徒の氏名を掲載することに関しては，事前に各保護者に文書で承諾を得た．ただし図 6-1 では生徒氏名は伏せてある．

20）学校へ称賛する内容の電話が数件あったほか，同様の内容の手紙も届けられたこともあった．内容的には自分も知らないような歴史や文化財についての紹介があり，地元へ

の理解が深まった，といったものであった.

21）こうしたマナー的な面の学習ということでは，中学2年で行われることの多い，いわゆる「職場体験学習」でも同じであるが，本活動は1年生対象であることから「職場体験学習」に向けての事前学習としての意味がある．また「職場体験学習」では体験の場が事業所であるのに対し，本活動ではたとえば市長であったりサークル活動であったりと，広い範囲が活動対象となっており，規範意識を学ばせる意味では，より効果があるといえるだろう.

22）「道徳科」授業は道徳教育の「要」というよりは，それを調整するという観点から「結節点（node）」というべきであろう.

23）https://www.mext.go.jp/b_menu/shingi/chukyo/chukyo3/064/siryo/__icsFiles/afieldfile/2016/05/23/1370879_5_1.pdf

24）関連して高等学校では2018年告示の学習指導要領において「総合的な学習の時間」が「総合的な探究の時間」となった.

25）このことについての研究や実践については，いくつかの報告がある（たとえば鑓水（2010），藤川ら（2018）).

文献

ウィルソン，E.O.，小林由香利訳（2016）『ヒトはどこまで進化するのか』亜紀書房，p. 144.

小保方晶子・無藤隆（2005）「親子関係・友人関係・セルフコントロールから検討した中学生の非行傾向行為の規定要因および抑止要因」『発達心理学研究』16(3)，286-299.

黒羽正見（2019）「道徳教育における「体験」の意義に関する事例研究──総合的な学習の時間を中心にして──」『日本工業大学研究報告』49(2)，97-103.

下田雄次（2020）「無形文化の現在──青森県における民俗芸能の現場から──」鑓水浩編著『共食と文化のコミュニティ論』晃洋書房.

福島信也（2018）「「総合的な学習の時間」とリンクする「道徳の授業」に向けて──高齢者に関わる社会問題（認知症など）の教材から──」『森ノ宮医療大学紀要』12，69-84.

藤川大祐・阿部学・落合陽一（2018）『企業とつくる「魔法」の授業』教育同人社.

田代高章・鈴木誠・山本公恵（2008）「地域課題探究型の総合的な学習の時間の実践的意義と課題」『岩手大学教育学部附属教育実践総合センター研究紀要』7，57-75.

ターンブル，C.M.，藤川玄人訳（1976）『森の民』筑摩書房，pp. 91-92.

モフェット，M.W.，小野木明恵訳（2020）『人はなぜ憎しみあうのか』早川書房，pp. 177f.

鑓水浩（2010）「職業の意義とキャリア教育──理論的考察と実践──」『弘前大学教育学部附属教育実践総合センター研究員紀要』8，57-69.

第7章
道徳性教育とキャリア教育

は じ め に

　現代は産業化社会であり，企業や諸事業体が様々な生産活動を行うことで成り立っている．現代社会で生活するということは，そのまま仕事に携わり職業人として生きていくということに他ならない．したがって団体であれ個人であれ，そこには高い道徳性倫理性が求められ，それに反するようなことは許されないと誰もが思っている．

　だが現実は商品の偽装や詐欺まがい商法といった不正行為や贈収賄がらみの企業と政府，行政との癒着，また職場での度を越えたパワハラやセクハラの横行といった報道は連日のように繰り返されている．さらに新型コロナウイルスの感染拡大時には業種によっては売り上げは大幅に減少し，倒産や休業に追い込まれたり，大規模なリストラが行われたりして失業者も急増することになった．このように突発的な状況も含め，現代では道徳性倫理性を持ち，まじめに働くだけではどうにもならないような状況も生まれている．だが具体的な経済政策はともかく，我々の経済的社会構造の基本中の基本は，第4章で述べたようにものやサービスを生産しそれらを交換することであることに変わりはない．その意味で職業を持ち仕事を通じて社会に貢献することは，それ自体利他的な行動であり道徳的な喜びと生きがいを感じるもののはずである．

　だからこそ様々な問題が噴出している現在，この基本部分を再度確認しなければならないといえるだろう．その点，教育は重要な要素であり，現在職業や仕事に関する学習として推進されているキャリア教育は，道徳性教育としても重視していく必要がある．

　本章では職業に関して様々な問題が見られる今日的状況の中で，キャリア教育における道徳的な意義を再考する．

1．キャリア教育の意義

　一人一人の将来的な社会的・職業的自立に向け，望ましい勤労観，職業観を育てることをねらいとするキャリア教育は，その重要な意義から文部科学省も積極的に推進しており，現在では職場体験やインターンシップを中心に小学校から高校まで浸透している。まずはキャリア教育の定義とあり方について確認する。

（1）　現在のキャリア教育の定義

　わが国においてキャリア教育推進の上で基本的な指針となってきたのは，2004（平成16）年1月の文部科学省「キャリア教育の推進に関する総合的調査研究協力者会議報告書～児童生徒一人一人の勤労観，職業観を育てるため～」（以下「報告書」）である。その中の第2章2の「キャリア教育の定義」では，「端的には「児童生徒一人ひとりの勤労観，職業観を育てる教育」，「望ましい職業観・勤労観及び職業に関する知識や技能を身に付けさせるとともに，自己の個性を理解し，主体的に進路を選択する能力・態度を育てる教育」（中央教育審議会答申（1999（平成11）年12月）における定義），「児童生徒一人一人のキャリア発達を支援し，それぞれにふさわしいキャリアを形成していくために必要な意欲・態度や能力を育てる教育」となっている。

　つまりは，児童生徒に望ましい勤労観，職業観を育てる，ということである。この背景には「報告書」が指摘しているように，雇用の多様化，就職，就業の環境の変化，ニートや自立の遅れた若者の増加といったことが挙げられる。こうした社会の背景によるキャリア教育の必要性は誰もが認めるところであろう。しかし，学校から社会・職業への移行が円滑に行われていない現状に対して，これまでのキャリア教育が勤労，職業観ばかりに偏っている，育成する能力の枠組みだけが独り歩きしているといった批判を受け，中央教育審議会において2011（平成23）年1月に答申「今後の学校におけるキャリア教育・職業教育の在り方について」（以下「答申」）が報告された。これによると「社会的・職業的自立に向けて必要な基盤となる能力・態度を育成する，幼児期の教育高等教育」「子ども・若者一人一人の発達状況の的確な把握ときめ細かな支援」等を基本的な考え方とし，キャリア教育の定義を「一人一人の社会的・職業的自立

に向け，必要な基盤となる能力や態度を育てることを通して，キャリア発達を
促す教育」とした．

　様々な問題を抱える現在の社会情勢では，本質的には個人と社会との関係に
ついて明らかにしていくことになるキャリア教育は必須のものといえるだろう．
「キャリア」の語源は，現在も移動や道に関する用語として使われているよう
に，ラテン語で荷車や轍という意味の「carrus」であり，キャリア理論におけ
る定義は「生涯において個人が果たす一連の役割，およびその役割の組み合わ
せ」（スーパー 1960）である．個人が社会の中で具体的な役割を荷車のように謙
虚に担い続ける，その励みともなるのは感謝などの道徳感情であり，それによ
る充実感，達成感であろう．

（2）　キャリア教育において育成する能力と道徳性

　キャリア教育において育成する能力については「報告書」中の「職業観・職
業観を育む学習プログラムの枠組み」（以下「学習プログラム」）では，「人間関係
形成能力」「将来設計能力」「情報活用能力」「意思決定能力」の4つの領域を
示していた．この「学習プログラム」は元々は1998年に旧文部省から研究委
託を受けた職業教育・進路指導研究会が，1989年に発表された「全米キャリ
ア発達ガイドライン」を基に作成したものであり，4つの能力領域も同様で
あった（三村 2008）．

　しかし上述したように，「答申」が報告され，キャリア教育の定義を「一人
一人の社会的・職業的自立に向け，必要な基盤となる能力や態度を育てること
を通して，キャリア発達を促す教育」とし，育成する能力も従前のいわゆる
「4領域8能力」から「社会的・職業的自立，社会・職業への円滑な移行に必
要な力」の要素としての「基礎的・汎用的能力」を具体化した「人間関係形
成・社会形成能力」「自己理解・自己管理能力」「課題対応能力」「キャリアプ
ランニング能力」の4つとしたのである．

　この4つの能力のうち，道徳性と直接関連するのは前半の「人間関係形成・
社会形成能力」「自己理解・自己管理能力」の2つといえるだろう．だが後半
の「課題対応能力」「キャリアプランニング能力」についても，将来を見通し
た上で，今後その途上で様々な人や組織，団体などと接していくことに備える
ためには，高潔な人間性を磨く必要があることから密接に関係するはずである．

　いずれにしても，これらを見て分かるように，キャリア教育において重視さ

れているのは，個人のキャリア発達である．そしてキャリア発達の土台には，周囲と良好な関係をつくりながら協力し，社会に貢献していく道徳性を据えることが必要である．

（3）　職業の意義

職業はあって当たり前であり，それに就くのも当たり前である，というのが一般的な感覚である．あまりに所与性が高いため，職業の意義とは何なのかという根本的な問いはこれまで学校教育の中でもそう多くの時間を割いて教えたり議論されたりしてきたとはいえなかった．こうした背景もあり，職業について考えさせる機会となるキャリア教育の重要性が認識されるようになったといえるだろう．

改めて職業の意義について考えた場合，もちろん生活の糧を得るというのは大前提である．だがそれだけでは稼ぐためには何をしても良いことになる．ここではキャリア教育を進めていく上で，根本的な問いともなる職業の意義について改めて確認してみたい．大きく次の2点が挙げられるだろう．

1点目は社会の中で個別の専門性を持った職業的役割，という意義である．役割という点ではスーパーが主張した「ライフロール」と同じである．「ライフロール」は，仕事の当事者だけでなく，学生であったりホームメーカーであったりと人生というより広い範囲の中での様々な場面における役割ということなので，職業についての役割を包摂するものということになる．

この職業的社会的な役割は，高度な分業を可能にし，大規模な生産体制，社会体制を作り上げる基礎となった．様々な専門性のある役割，つまり職業そして職業人が集まって人間の社会は初めて成立する．この高度な分業体制というのは，はるかホモ・エレクトスの時代にその萌芽が見られるようになって以来，人類の「お家芸」となった生活技術である．この体制の中で個人は各々独自の役割を担うことになり，自身のアイデンティティを保ちながら周囲と協力していくことができるようになった．このことが種の存続と近年の文明発展の原動力となっていったのである．

しかしながら現在の情勢は機械化，OA化またAIの発達によって人間個々の社会の中の専門性は希薄になってきているのが実態である．人間の専門性を発揮して分業が成立するのではなく，分業体制の中で人間が単純な機能を担当する存在として歯車化しているといってよい．これでは人間の本来的な性質に

も反することになり，社会の中における個人の存在意義は薄れ，社会と個人の有機的な関係が不明確になってしまう．その結果は，社会から乖離した個人が様々な問題を起こすという構図につながるのである．

2点目は，第4章で述べた通り，利他性発揮の機会として自らが生産した物品やサービスを交換することによって，感謝や達成感といった道徳感情を得ることである．実際，主に直接顧客と接している職業人は仕事に喜びややりがいを感じるのは誰もが「お客様の喜ぶ顔を見た時」や「お客さんからありがとうと言われた時」と答える．自分がつくり出したもので対価は得るが，それはあくまでも顧客の感謝の印である．これらの言葉は，それを受け取ることが人間として生きる醍醐味であることを示している．だが現代社会では経済システムがあまりに巨大化複雑化したものになり，個人レベルの利他性が矮小化される形となってしまったために様々な問題が生じているということになる．

人のために尽くそうと思うならば，具体的なある役割を果たさなければならない．これら職業的社会的な役割と交換による道徳感情の獲得の両面が揃って初めて人間は生きている充実感を味わうのである．

（4） これからの社会とキャリア教育

2011年に発生し未曽有の被害をもたらした東日本大震災では，それまでの利益や利便性ばかりを追求する産業社会のあり方に根本的な問いを投げかけた．人間にとって本当に重要な「もの」や「サービス」というのは何なのか，ということを誰もが再考せざるを得なくなったのである．そして当時の深刻な状況とその後の復興を目指す被災地の人々の涙ぐましい努力から1つの答えが得られた．それは人々にエールを送り，絆を深めることができる「もの」や「サービス」に勝るものはない，ということである．

したがってこれからの生産活動を考えた場合，人間の飽くなき欲求を満たすという視点ではなく，確かな技術力を基盤にしながら人間の誠意と絆を結晶化するものであるべきだろう．具体的には手を抜くことなく生産に打ち込む高い人間性とその地域の誇りがあらわれる地域ブランド力こそが，極めて重要なものとなっていくはずである．

キャリア教育は，児童生徒の社会的，職業的自立に向けて，様々な役割を高度に担うキャリア発達を促すものである．したがって特に中等教育段階までのキャリア教育では，将来どのような役職や立場になっても，つくり手として重

要な要素であり続けるこの高い人間性と地域ブランド力の基礎を養っていく必要があるのである.

　ただし現在のキャリア教育は，上述してきたように個人のキャリア発達を促すことが主眼となっている. キャリア形成には社会との接点が欠かせないことから考えれば狭量さも感じるが，これには次のような背景がある. キャリア教育以前の「職業指導」においては職業構成というのは不変のものであると見なし，児童生徒はそれに適合する職業的能力を養い，具体的な個別の職業に充てていくマッチング理論としての出口指導が中心であった. だが社会の変化により産業構造は変わり職業構成も必ずしも不変ではなくなった. 以前とは異なり何が起こるか分からない一生の間の変化に対応できる能力を養うという立場にシフトしていく必要があったというわけである.

　そこで，たとえばこれからの人生において予想できないような事態も含めて起こり得ることについて見通しを持つようにするクランボルツ (Krumboltz, J. D.) が唱える「プランド・ハプスタンス」概念 (クランボルツ&レヴィン 2005) も取り入れ，計画的な人生の展望，つまりキャリアデザインを描いていくことが重視されるようになったのである.

　だが，個人だけでは対処しきれないのが人生であり様々なライフステージである. いくら個人として努力しても力及ばず挫折の憂き目に会うことはしばしばあるものである. そのような時に頼りになるのが，地域コミュニティの力であり，人間同士の絆なのである.

　これまでのように大規模施設による大量生産体制では，技術的優位などすぐに他国に追いつかれてしまい，所詮コストが低い国地域が有利になる. いったん不採算となれば大規模施設はお荷物でしかなくなってしまう. 規模は小さくとも，その地域でしかつくり上げられないものがどの地域にもある. こうした風景がこれからの社会では求められることになるだろう.

　したがって個人の道徳的，適性能力的な面を伸ばしていくと同時に，地元に地域ブランドをつくり磨き上げていくことが何よりも重要となる. その際には，地域のことを知悉しているお年寄りの知恵を借りることもあるだろう. その点個人の道徳性伸長と地域ブランド育成は，高齢化社会の 1 つの活用法ととらえることも可能といえるはずである.

　以上のことから考えるとこれからのキャリア教育においても，個人のキャリア発達を促すだけでなく，その学習活動の一環として地域ブランド宣揚の一翼

を担わせることが必要となると考えられる．そしてこのことは地域における産業の確立ということにもなり，現実問題として特に地方における雇用の受け皿としての可能性を追求することにもなるのではないだろうか．

2．中学校を中心にしたキャリア教育活動の実践的活動内容

（1） 考えられるキャリア教育の大枠

　現在全国各地で行われているキャリア教育の主な内容は，冒頭でも触れたように実際の職場，職業に直に接することにより，仕事の内容や職業人が仕事に取り組む姿勢などを学ばせ，結果的に個人のキャリア発達を促す職場体験やインターン・シップを行うことが主流である．このこと自体は，大変有用なものではあるが，これまで述べてきたことを踏まえて，今後必要となってくるキャリア教育の内容を中学校を中心に挙げてみたい．

　まず，座学として指導，学習していく分野である．3点を挙げる．

① 職業の意味の理解

　職業の意味については，上述してきたように職業を社会の中で高度な専門性を持った役割としてとらえ，その特色を理解させていくことである．その際には，全ての生産活動を一緒くたにするのではなく，食料の生産とその他の生産とは，別の次元のものであるという意識を持たせる必要があるだろう．食料資源の確保だけは社会政策として最優先しなくてはならない，ということを社会に明確に位置付けていくためである．収入の低下によって食べることにも事欠く，といった事態は何としても防いでいかなければならない．

② 利他行為としての生産活動と交換

　生産活動を行うのは，他者に喜んでもらうため，よりよい社会を築いていくためものである，ということを徹底させる．交換によって経済は成り立つわけであるから，結果的に自己利益のみを追究するだけでは，自己の富が増加すれば交換活動が停滞することになる．自己の利益より他者の利益という利他行為に導いていくのである．

③ 生産者としての倫理性，道徳性

　そして，生産物を交換していくために必要な倫理性，道徳性の育成である．生産者としての心構えが十分にできていないために，偽装等の安易に利益を得ようとする事件が発生するのである．社会の中で生きていくには信用がいかに

大切であるかを徹底して教え込んでいかなくてはならない．仕事の利他性や倫理性，道徳性についてはたとえば近江商人の「三方よし」といった日本の伝統的な仕事観と一致しており，その精神を復活，宣揚していくということにもなるだろう．

　次に実践活動としての分野について3点を挙げる．

① 体験活動の推進

　職業について触れさせ，試行させるということで，現在の職場体験等のことであり，これについては十分実施されている状況である．

② 生徒の活動を地域で認知する取り組み

　問題は試行させた後に，どうするかである．現在はこの段階で終わることが多いため，お客さん気分で終わってしまったり，せっかく良い体験ができたと思ってもその後は進学に追われ，その経験が次につながっていかなかったりという場合が多い．各学校段階では中学校後半から高校段階では，実際に何かしらの生産活動を行ってみるべきであろう．その際には企業と連携し，仮想的なものであれ実際の生産であれ，生産者としての実践が必要である．そしてその活動に対して地域が評価し，認知していくのである．これにより働くこと，生産していくことの重要性と喜びが実感できるであろう．

③ 地域を活性化させていく取り組み

　生徒の活動が単に現に地域にある事業所等にいわば乗っかる形だけではなく，地域の潜在性を発揮させるようなものとするが重要だろう．たとえば地域のかつての姿を取材活動等によって調べ公表する，地域に伝わる文化を受け継ぐような活動を行うといったことである．

（2）　キャリア教育の実践的活動内容

　以上のことを踏まえて主に中学校でのキャリア教育の実践的な活動内容を考えると次の図7-1のように3つの段階が挙げられるだろう．

　第1段階は職（キャリア）の概念的理解の上での具体的な内容の理解である．つまり職業（仕事）とはどのようなもので，どのような職業（仕事）があるのか，ということである．職業調べや職業インタビューがこれにあたる．また，職を社会の中でとらえる意味から，そして自分を知ることにつながるものとしての地域調査も実践的な活動として必要なものだろう．

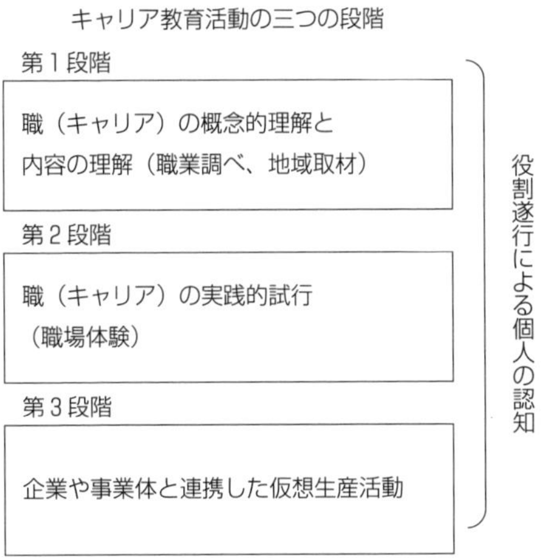

キャリア教育活動の三つの段階

第１段階

職（キャリア）の概念的理解と
内容の理解（職業調べ、地域取材）

第２段階

職（キャリア）の実践的試行
（職場体験）

第３段階

企業や事業体と連携した仮想生産活動

役割遂行による個人の認知

図7-1　キャリア教育活動３つの段階

第２段階は職（キャリア）の実践的試行である．これには，現在多くの中学校が実施している職場体験があたる．

そして第３段階は実際に生産活動を行うことである．この場合は一般的な職場体験のように多くの事業所に生徒を分散する形態では無理があるので，１つの企業や事業体に特化した形になる．生産活動といっても工場で製品を作るのではなく，主に製品の企画や販売促進といった内容である．現実の生産ではなく仮想的なものであってもよい．

　これらの各段階に共通して行っていくのが，地域社会でのキャリア学習活動による役割の遂行である．たとえば事業所の仕事を体験するだけでなく，事業所の方の奮闘ぶりや地域に対する貢献の状況を紹介する，また町おこしのために地域の人々とともにユニークな商品開発を行うといった活動を行えば，そのこと自体が地域社会の中で生徒ならではの一定の役割を果たすことになる．その意味で，職業の意義と共通することを体験することになるのである．自分たちの活動が地域の人々に認められるということは十分に成功体験となる．もちろん，認められるにはそれに応じた態度と成果が必要であり，事前事後の段階で十分な指導が必要なのは当然である．

３．中学校での活動例

　ここまで述べてきたキャリア教育の意義を踏まえた中学校での活動例を２つ紹介する．前項の内容に随えば，第１段階に相当する実践例も挙げるべきだが，第６章でとり上げた地域調査についての取り組み例をそれとして読み替えていただきたい．以下に挙げるのは第２，第３段階の活動例ということになる．

（1）　中学校2年生での実践「「わが街のプロフェッショナル」プロジェクト」

　この活動例は第6章と同じ千葉県白井市立南山中学校のものである．職場体験そのものは他の学校と全く同様であるが，職場体験では仕事の体験と同時にその職場働いている方へのインタビューも行い，その内容を印刷会社の協力を得て図7-2のように「わが街のプロフェッショナル」という冊子にまとめる，[4]というものである．500部作成し生徒，実施事業所，市内各学校に配布し，市役所にも何部か配置した．

① 目的

1）職業を体験することにより，将来の生き方への関心を深めるとともに，社会での基本的なマナーやルールを身につける

2）地元で働く人を紹介する冊子「わが街のプロフェッショナル」を発行することによって地域の活性化を図るとともに，事業所にとってもメリットを持つことができるようにする．

② 提携企業　株式会社T印刷所（千葉県千葉市）

③ 実施時期

　9月〜11月

④ 職場体験の実施形態

　33事業所でのグループ別体験

⑤ 株式会社T印刷所の支援活動とそれに関わる教師の活動

図7-2　「わが街のプロフェッショナル」

１）株式会社Ｔ印刷所

・印刷に関する手順や最新技術について来校の上，レクチャーをしていただいた（「総合的な学習の時間」２コマ）

・職場体験後，全生徒が作成したリポートと写真で「わが街のプロフェッショナル」誌を作成

２）教師

・職場体験後のリポート文章の添削と写真の選択

・株式会社Ｔ印刷所からのゲラのチェック

⑥ **事前学習・事後学習について**

・働くことの意義や，職業の種類や分類について知る

・体験する事業所の仕事内容や，社会での基本的なルールを学ぶ

・体験したことをまとめ，「わが街のプロフェッショナル」誌の原稿を作成

⑦ **本活動の意義**

　１年生段階の地元地域を知る，という学習活動を踏まえて２年生では，職場体験の中で生徒が個人単位で地元で働く人々の姿を冊子を通して紹介していく．地元地域でどのような人がどこでどのような仕事をしているのか，というのは住民である大人でも案外知らないものである．だがそうした人々の日常的な努力によって地域社会は成り立っているのである．こうした人々の群像を描き出していくことで，生徒にとっては地元の伝統やそれを受けた産業の特色を理解することになり，冊子を見た住民も地元への理解を深めていくことになる．

　また職場体験では，各事業所では無償，ボランティアで生徒を受け入れている．それに対して事業所側にとっても多少なりともメリットのあるものとして冊子を位置付けることができる．もちろん宣伝ということではなく，事業所側のあくまでも教育に貢献したいという純粋な姿勢に対するお礼という意味合いである．

（２）　第３学年「「日本食研」プロジェクト」

　千葉県北部にある栄町立栄中学校での活動例である．学区内にある調味料製造の大手企業である日本食研ホールディングス株式会社と提携し，同社が売り出すと仮定した新商品を開発するというものである．

　活動は各クラスの班単位で，全班を「コンセプト部門」「テイスト部門」「コマーシャル部門」の３つの部門に分け，基礎調査，新商品開発，プレゼンテー

ションの段階にしたがって活動を行うものである．プレゼンテーションでは
「コンセプト部門」が商品イメージの発表，「テイスト部門」では開発した新感
覚のたれと日本食研ホールディングス株式会社「晩餐館」を使った新メニュー
の試食，「コマーシャル部門」ではそれらを売り込むパフォーマンスを行った．
企業側等は審査を行い優秀作品を表彰する．また「テイスト部門」で，地域素
材や地域的な料理を応用したメニュー作りも行う．

① **目的**

1）生徒の職業意識を育てることにより，広い視野から将来を展望し，自分の
　　進路を見つける力を養う．

2）1，2 年生で経験した地域調査や職場訪問，職場体験を基に，さらに実際
　　的な企業活動の学習を通してより実践的な職業知識と態度を育てる．

3）日本食研ホールディングス株式会社とのパートナーシップにより食育の深
　　化を図る．

② **連携企業**　日本食研ホールディングス株式会社千葉本社 (印旛郡栄町)

③ **実施時期**

　9 月～11 月

④ **活動の特色と手順**

1）基礎調査

・はじめに生徒代表が訪問することと，企業担当者が学校においてレクチャー
　することにより日本食研ホールディングス株式会社の企業概要と取り扱い商
　品について生徒全員に理解させる．

・次に各クラスの班ごとに，製品を割り振り，企業が提供した資料を基にクラ
　スごとに製品の原材料，用途，製造工程などを調べる．

・同時に各製品ごとの簡単な市場調査 (生徒や生徒家族，教職員へのアンケート) を
　行い，調味料を中心にした嗜好の傾向を調査する．

2）新商品開発

・新商品開発はコンセプト部門とテイスト部門，さらにコマーシャル部門を設
　ける．コンセプト部門は商品の種類，特徴や外装といった商品イメージを研
　究する．発表は実物投影機で行う．テイスト部門は各クラス 1 班とし，たれ
　の研究を行い，オリジナルのたれを作成する．同時に日本食研ホールディン
　グス株式会社のたれである「晩餐館」を使った新メニューを開発する．試食
　してもらう形で発表する．コマーシャル部門は，より多面的なキャリア学習

を図ることと，昨年発表時にユニークなものも見受けられたことにより設定する．同じく各クラス1班とする．[5]

3）プレゼンテーション

・新たな製品開発をシミュレーションし，仮想の新製品や宣伝戦略を作成しプレゼンテーションを行う．

⑤「日本食研」プロジェクトの意義

1，2年生ではいわば広く浅くである．この基礎を受け，3年生では一点に収斂して深く掘り下げる，というイメージである．日本食研ホールディングス株式会社の商品開発を行うことにより，厳しい経済情勢下における企業の緊張感や戦略性を生徒たちは学んでいく．企業にとっても，現実問題として大人にはない中学生の新鮮な視点は実益があるものである．また，企業の内部的な面も生徒の目に触れることになり，企業にとっては公的な使命や倫理的な緊張感を再確認する場にもなる．

終わりに

普段は何の滞りもなく経済活動が行われていると思われても，ひとたび大規模な自然災害や感染症の流行が発生すれば，たちまち一定の物品の不足など何かしらの問題が生まれる．そしてそうしたときには同時に道徳的な問題もしばしば起こるものである．

いくらシステムが高度なものになったとしても，所詮それを操作するのは人間であり，その円滑な運営には人々のネットワークが欠かせない．だがその割には社会上の人間同士のつながりはビジネスライクな関係が中心で希薄なものとなっている．それがいざというときに道徳的な問題として表面化しているということになるだろう．こうしたことから考えれば本来的な職業の意義を理解させ，地域の絆を深める地域ブランドを考えさせるキャリア教育というのは，社会的な道徳性を醸成していく上でも，現代社会においては必須といえるはずである．

ここで示したいくつかの事例のように，現に社会で活躍している事業所と連携した実践的な活動は，先方との日程調整など煩瑣な点はあるが，効果としては大きなものがある．同様の取り組みが行われていくことを期待したい．

註

1）中央教育審議会答申「今後の学校におけるキャリア教育・職業教育の在り方について」2011 年 1 月 31 日.

2）文部科学省「小学校・中学校・高等学校　キャリア教育推進の手引——児童生徒一人一人の勤労観, 職業観を育てるために——」2006 年 11 月.

3）たとえば 2019 年に発表された国立教育政策研究所の「平成 29 年度職場体験・インターンシップ実施状況等結果」では中学校での職場体験学習実施率は全国で 98.6％, 高等学校でのインターンシップは公立高等学校（全日制・定時制）で 84.8％となっている.

4）この活動は株式会社リクルート社の職場体験支援プログラム「タウンワークトライワーク」を参照した.

5）年度によっては保護者, 地域住民チームも参加した.

文献

スーパー（Super, D. E.）, 日本進路指導学会訳（1960/1957）『職業生活の心理学』誠信書房, p. 250.

三村隆男（2008）『キャリア教育入門』実業之日本社, p. 57.

クランボルツ, J. D.・レヴィン, A. S., 花田光世訳（2005）『その幸運は偶然ではないんです！』ダイヤモンド社.

第8章
現代社会は超正常刺激に満ちている

はじめに

ここまで述べてきたように人類の協力性，道徳性の進化を促したのは，繰り返し起こる気温の低下や乾燥化という荒ぶる地球の激しい気候変動であった．その中で我々の祖先は簡単な道具を改良し続けながら何とか衣食住を確保し，細々と暮らしを保ち続けてきた．

翻って現代に目を転じると我々の生活は全く別次元のものになっている．人間の認知的肉体的能力をはるかに上回る機器を発明，駆使して食料をはじめあらゆるものを潤沢に生産し，さして天候を気にする必要もない頑丈で快適な家屋に住み，清潔でファッション性に優れた衣服を身につけて自らの労力をほとんど使うこともなく様々な場所へ高速で移動する．

これらのことは全てかつての人類の願望であった．現代においては，それらを全て実現してしまったといえる．だが人間の願望，つまり欲望，欲求は尽きることはない．現状においてなお不満を持ち，さらにそれらの充足に血道を上げている．この原動力となるのが超正常刺激（supernormal stimulus）である．この特質を野放しにする限り人間の欲望，欲求は肥大化を続け協力性，道徳性を押しのけてその充足を最優先としてしまうだろう．

本章ではこうした超正常刺激に後押しされた欲望や欲求を充足することによって社会が成立している実態とそれによる反道徳的な弊害を指摘し，それらを抑制するための道徳性教育のあり方を考察する．

1．超正常刺激と性淘汰

動物行動学でいう超正常刺激とは，好ましい刺激がさらに強調されると嗜好が一層高まるという動物の行動特性であり，本来性淘汰に関する概念である．たとえばクジャクの雄の美しく大きな飾り羽は，飛行という面からは実に非実

用的であり，実際それがない方がうまく飛ぶことができ捕食者からも逃げやすくなる（長谷川・長谷川 2000）．鳥にとって最も重要な機能と思われる飛行を犠牲にしてまで，なぜその羽は華やかになったのだろうか．理由は至って単純で，より美しく華やかなほうが雌の好みに合うからである．その方が肉体としても健全で，雌にとってより良い遺伝子を残していくための指標となった．そのため，次第に羽の大きさや華やかさがエスカレートしていったわけである．

　この場合の華やかな飾り羽に性的な嗜好が高まっていく行動の特性が超正常刺激であり，その結果が羽の視覚的な状態ということになる．性的な嗜好というのは，繁殖上極めて重要なものであるので，どのような形であるにせよ超正常刺激として特質化しやすいのである[1]．この嗜好の強さはかなりのもので，まさに正常な域を超える刺激への選好が見られる．

　この超正常刺激の特性は，人間についてもあてはまるといえる．たとえば蔵（1993）は現代の漫画やアニメに描かれる若い女性を中心にした顔の造形は超正常刺激であると指摘している．具体的な主な特質としては，①目が異常に大きい，②鼻が極端に小さい，③口が小さい，である．これらのサイズとしての特徴は現実にはあり得ないレベルであり，アニメではなくそのまま実写にあてはめると明らかに異様な形態となる．

　もちろんこうした漫画やアニメの描き方自体に弊害があるというわけではない．問題なのは，性的な魅力が増幅したイメージに，いわば便乗した形で過度な刺激を発信し消費を煽るビジネスモデルの方である．この刺激が正常範囲を超えるものになれば，その影響によって性犯罪を促す結果にもなっていく．実際，教育現場における性犯罪やわいせつ事例を見ても，多くはネットやSNSの影響を受けて行為に及んだと推察されるものである．これらは嗜好の高まりを本人では抑えきれないほど煽った結果ということになる．

2．日常生活と超正常刺激

　ただし問題はこれだけでは収まらない．超正常刺激の影響は性淘汰にとどまらず現代の我々の生活に深く浸透していると思われる．まず挙げられるのは食生活である．人間の味覚というのは，おしなべて糖分と脂肪分，塩分を好む．このことはこれらの栄養分が人間が生存していく上で，極めて重要なものだったことを物語っている．味覚への嗜好性をより高めることにより，希少で優れ

た栄養分を少しでも多く摂取するように適応してきたわけである．そのため我々はこれらの栄養分を豊富に含んだ食品をおいしいと感じる²⁾．

　したがって本来的には，おいしいと感じるその食物がそのまま身体が必要とする栄養素だった．しかし現代にあってはそれは必ずしも等価ではない．おいしいと感じる食品ほどむしろ栄養素は決して十分なものではなく，結果として糖分や脂肪分等の摂取過多による生活習慣病等の疾病の発症というパラドックスに陥っている³⁾．

　たとえば現在では日常的に加工食品を摂る機会が多いことから糖分も過剰になりがちである．だがこれらを多く摂るとたとえば ADHD と診断された子どもたちは，その症状がより悪化したり，一般的にも脳の神経細胞が過剰に活性化したりするという報告がある（Lyon 2000）．さらに妊娠期の母親が加工食品を多く摂取した場合，抗菌作用があり食品添加物としてそれらに含まれるプロピオン酸（PPA）の影響によって，胚の神経発達の初期段階における神経組織化が乱れ，ニューロン間の結合を阻害するグリア細胞の過剰増殖や炎症反応の増加等を引き起こし，出生後自閉症を発症させる可能性があると報告されている（Abdelli et al. 2019）．

　本来は生きていくのに必要な栄養素を確実に摂取するための味覚の嗜好であったのが，現在は明らかに必要量を超えて摂取されている．そのために病に陥るというのはこの状態が超正常刺激によってもたらされたということになるだろう．さらには次のようにゲームについても同様のことがいえる．

　ゲームの多くはゲームを行う当事者が主人公となって様々な設定の下で敵を倒したり利得を得たりするロールプレイングゲームである．普段の生活ではあり得ない世界であり得ない体験をするからには一定の成果が出なければやる気は起こらないだろう．かといってそれが簡単すぎても魅力はないのでコントローラーを使った操作である程度の熟練が求められることになる．

　したがって多少の時間をかけその操作に専念すれば誰でもゲーム上のアバターを自分の思う通りに自在に活躍させてヒーローになることができるのである．もちろんゲームの全てがこのパターンというわけではないが，基本的にはゲームはあくまでも自己中心の世界であり，バーチャルな空間で得られる満足感や達成感を売りにしている．

　だが現実の世界は決してそのようなことはない．現実は決して自分が中心というわけではなく，ちょっとやそっとの努力で社会の中で自分の思う通りの活

躍ができるわけでもない．このあまりに大きなギャップによって混乱が生じていく．通常の世界ではあり得ない正常域を超えた刺激を受け続けるとゲームの世界にのめり込むことになり，その結果社会と隔絶した生活を送るようになったり，ゲーム同様自分の思うがままに行動しようとするため容易に反道徳的な行動をとるようになったりするわけである．このゲームにおける自己中心世界で得る満足感や達成感が，通常得られる範囲を超えて過度なものになってしまえば[4]，それはやはり超正常刺激ということになる．

　こうした超正常刺激は脳内で見てみれば報酬系回路を活性化させ快感情を生み出している．脳全体として見てみると快感情を感じる部位の割合はラットでは35％程度であり，不快を感じるのは5％程度である（高田 2002）．人間も基本は同じであろう．これは生物が生き延びて繁殖していくためには恐怖におののくばかりでは生存競争には勝てず，嗜好に基づいた行動をとったり，一定の目的を達成したりした場合，快感情を強く感じていくことが有利になったということをあらわしている．

　また快感情も含めた情動や感情は，脳内においてそれぞれに応じたモジュールが存在する．ただしそれらのモジュールは明確に区画されているというよりも，その境界が重なった状態になっている．そしてそれぞれのモジュール間では相互に抑制し合う「抑制試合」が起こっており，その結果として勝ち残ったモジュールが司っている行動をとることになる（澤口 1999）．つまりそのモジュールが強化されるのである．これはその部分の欲求が高まるということである．つまり超正常刺激による快感情にのめり込めばのめり込むほど，場合によっては依存症として，その刺激を求めて行動はエスカレートしていくのである．

　このような傾向が良いことだと思う人はそうはいないだろう．だが近代以降の社会はこうした超正常刺激を利用し，さらに嗜好を高めることによって消費を喚起しそれを基に産業を発展させてきた．欲望，欲求が社会を発展させたのである．そのため優先されるのはあくまでもそれらの充足であり，これによって反道徳的な行動を助長させることになっても基本的にはお構いなしであった．特に欲望や欲求も度合いが強い摂食と生殖については，他者を出し抜いたり傷つけたりしてでもそれを充足しようという衝動にかられていくのである．

3．「道徳的調整力」による超正常刺激の統制

　現代の生活の志向性を一言であらわすなら快適さの追求であろう．我々の身の回りは衣食住全てにおいて利便性を高め高級感のある雰囲気を醸し出す製品や機能満ちている．だが快適さの追求はともすると超正常刺激を生み出し際限のない欲望や欲求を昂進させることになる．そしてその結果反道徳的な行動を誘発させることになるのである．

　本来的に考えるなら，こうした社会状況は変えていかなければならないだろう．だが現実問題としてそれを実行するのは容易ではない．あまりに社会に深く浸透しているからである．そこでまず取り組むべきは，教育において個人に降りかかる超正常刺激化した様々な社会的影響をどうやって統制していくか，ということになるだろう．その意味でも道徳性教育の役割には大きなものがある．ここまで道徳性教育についてのいくつかの原理や方法を示してきたが，それらはこの主旨に沿ったものであるともいえる．

　その上でこれらのまとめの意味として，「道徳的調整力」というキーワードを挙げて考えてみたい．調整力というと通常，他者との関係という文脈でイメージされるが，ここでは個人の脳内における調整とする．これを説明する上で一例を挙げるとすれば競技スポーツであろう．上述したように人類は敵対関係に陥った他集団に対して容赦のない攻撃を加えた．この攻撃性は本能といってよいほど我々に身についている．だがそれをそのままにしておいては「万人の万人に対する闘争」のように収拾がつかなくなってしまう．そこでそれをうまく発散，昇華させるものとして考案されたのが競技スポーツということになるだろう．

　今日では，各種スポーツ競技は攻撃性を応用しながらも社会の中で安定した地位を占めている．時に乱闘騒ぎを起こすなど攻撃を地でいく場面があらわれることもあるが，通常問題なく運営され，一般の人々にとって重要な趣味や娯楽となり，さらには教育的な人格形成の場ともなっている．攻撃性を応用しているにもかかわらず，なぜ問題なく行われ，それどころか高い教育効果を生むことができるのだろうか．

　これは各種競技が一定のルールの下に行われており，またチームや関係者，さらには外部機関や制度等必ず複数の人間関係や制度的要素の中でトレーニン

グや試合，競技が経時的，累積的に実施されているので，必然的に脳内で様々な外部刺激や情報，情動が統合されていくことによる．脳内の部位でいえば前頭前野が十分に活性化されるためである[5]．それによってそのままでは危険な攻撃性も問題なく扱われることになるのである．一方，これに対して同じ攻撃性を利用したゲームでは，特に対外的要素が全くないのでゲームに熱中すればするほどさらに攻撃性のみが強化されることになってしまう（ハンセン 2020）．

　このことから考えると重要なのは超正常刺激になり得る刺激によって昂進される衝動や情動が発現したとしても，そのことを本人だけが感じ帰結させてしまうのではなく様々な関係者がそれを承知した上でかかわり，さらにバーチャルではなく現実の様々な制度的組織的なかかわりが必然的に伴うような体制を整えることだろう．これは教育現場のみならず社会全体としても必要なことである．脳内の機能でいえば先の通りその機能を司る前頭前野を十分に活性化させていくということである．

　そうなると「道徳的調整力」が，自らの意思で様々な要素をよりよく調整するものなのだということになり，第 2 章で述べた人間行動の自動性と矛盾するのではないか，という指摘が当然出てくるだろう．だがそこでも述べたように，行動が自動的で意識も後付けであったとしても本人としては，あくまでも自らの意思によるものであるとの自覚を持っている．その意味ではこの調整というのは自動性の要素も十分含まれているわけであり，自らが道徳的にうまく調整した，と自覚できるようにしていくということである．その意味では思い込みの「道徳的調整力」となるかもしれない．それでも結果として道徳的な成果が出るのであれば十分であろう．

終わりに

　現代社会では絶えず生産を繰り返し，そして生産された製品は常に消費され続けなければ社会としての機能はストップしてしまう．生産を担う企業は現状維持ではいつ倒産の危機が迫ってくるか分からないので，虎視眈々と生産の拡大をねらい続ける．そうなれば少しでも売り上げを伸ばそうと，本来的には道徳性に反するのではないかと思われたり，結果的に問題となる行動を煽ることになるのではないかと予想されたりするような製品やサービスにまで手を伸ばすことになるだろう．現状ではそれも致し方ないとも思える．

だがその傾向は結果的に，超正常刺激によってより安易に快感情が得られるものへと行きつくことになる．要するに周囲への配慮や今後の見通しなど面倒くさいことを深く考えなくても，つまり前頭前野を駆使しなくても，その場で心地よくなればよいとなるのである．当然これでは問題がある，と誰もが思うだろう．だが実際にはその方向へと着実に進んでいる．

この傾向を変えていくにはありきたりではあるが，やはり一人一人が自覚を持ち変わるしかないのである．そのためには，まずは学校教育の中でここまで述べてきたような人類の進化や人間の生物的特徴を応用した「面倒くさい」方法を用いて，道徳性を伸ばし反道徳性を統制できる「道徳的調整力」を身につけさせるように児童生徒に働きかけていくことであろう．「道徳科教育」が教室内で検定教科書を用いた座学という限定的かつ，ある意味安易な分野に収まっている現状では「道徳科」に大きな期待はできない．より広範な知見に基づいた教育内容が求められていくのである．

註

1）特質化しやすいといっても全てがクジャクのような華やかなものになるわけではなく，同じ鳥類でもツバメのように尾羽が長い程度の場合もある．

2）こうしたことは後述するモジュール間「抑制試合」によって勝ち残った欲求が強化された結果であるということもできるだろう．

3）たとえば食料資源が乏しかった頃には長く続く食料不足の時期に備えて食物のエネルギーを極度に高い効率で抽出し貯蔵できる「倹約遺伝子」の持ち主がより生き延びることができたはずだ．だが，今日の食料豊富な時代ではそれは肥満と糖尿病をもたらすだけになってしまっている（ネシー＆ウィリアムズ（Nesse & Williams）1994．

4）この時の脳内ではドーパミンが過剰分泌されているということになるが，これによって異常な犯罪を引き起こすサイコパスが生まれやすくもなる（岡田 2005）．

5）この意味から考えれば，競技スポーツ以外でも宗教も含めた制度的文化というのは超正常刺激への対策ともいえるものなのではないだろうか．制度について述べるならば，日本の封建的な悪しき制度といわれる「家制度」についても性的嗜好に対する文化的対策であったともいえるだろう．つまり道徳的に考えるならば顔の美醜だけで異性の価値を判断してしまうのは問題がある．だが生得的な欲求はそれに反する．そこで制度として個人の欲求を超えるものを作ってしまえば美醜の好みなど言っていられなくなるのである．さらに王権の発生についても，社会契約的な考えからすればそれは否定されるべきものだが，超正常刺激への対策という観点から考えるならば，たまたまその時点で誰もがリーダーと認める者に個人の欲望を抑制する強制権を付与したともいえるのではな

いだろうか．もちろん君主制や封建制を是認するわけではないが，独裁者を生んでしまったりフリーライダーや傍観者が少なからず存在したりする現在の民主制が人間の欲望をうまくコントロールする完全な制度とはいえないだろう．

文献

Abdelli, L. S., Samsam, A., Naster, S. A.（2019）Propionic Acid Induces Gliosis and Neuro-inflammation through Modulation of PTEN/AKT Pathway in Autism Spectrum Disorder. *Scientific Reports*, **9**, 8824.

Goines, P., Van de Water, J.（2010）The immune system's role in the biology of autism. *Curr Opin Neurol.* **23**(2), 111-117.

Lyon, M. R.（2000）*Healing the hyperactive brain: Through the new science of functional medicine.* Focused Publishing. p. 112., pp. 184f.

蔵琢也（1993）『美しさをめぐる進化論』勁草書房，p. 53.

岡田尊司（2005）『脳内汚染』文藝春秋.

澤口俊之（1999）『幼児教育と脳』文藝春秋（文春新書），pp. 91f.

高田明和（2002）『脳と心の謎に挑む』講談社，p. 185.

ネシー＆ウィリアムズ（Nesse, R. M. & Williams, G. C.），長谷川眞理子・長谷川寿一・青木千里訳（2001/1994）『病気はなぜ，あるのか』新曜社.

長谷川寿一・長谷川眞理子（2000）『進化と人間行動』東京大学出版会，p. 91.

ハンセン，A.，久山葉子訳（2020）『スマホ脳』新潮社.

初 出 一 覧

本書の一部は以下に挙げる各稿をもとにして，それらを加筆・修正したものである．

第 2 章　人間の行動は自動的である

「（第 2 章）人間行動の自動性と道徳教育における本研究のアプローチの位置づけ」
「知識の習得に重点を置いた道徳教育の研究――人間行動の自動性に基づく授業開
発――」（博士論文）弘前大学，2015 年，pp. 24-47.

第 4 章　交換には道徳的な意義がある

「利他性のオルタナティブとしての交換――交換の段階的進化と道徳教育――」『道
徳教育方法研究』（日本道徳教育方法学会）第 14 号，2009 年，pp. 21-30.

第 5 章　道徳性教育としての言語学習を見直す

「道徳的判断を促す「意味」の付与能力と解釈能力――語彙力や表現の潤沢さの重
要性――」『道徳と教育』（日本道徳教育学会）No. 318・319，2004 年，pp. 122-133.

第 6 章　道徳性教育と地域学習

「「総合的な学習の時間」の道徳教育としての意義――地域調査活動を中心として
――」『育英大学研究紀要』（育英大学）第 3 号，2021 年，pp. 1-13,

第 7 章　道徳性教育とキャリア教育

「職業の意義とキャリア教育――理論的考察と実践」『弘前大学教育学部附属教育実
践総合センター研究員紀要』（弘前大学教育学部附属教育実践総合センター）第 8
号，2009 年，pp. 57-69.

人 名 索 引

事 項 索 引

《著者紹介》

鑓 水　　浩（やりみず　ひろし）

育英大学教育学部教授
弘前大学大学院地域社会研究科後期博士課程修了　博士（学術）

主著

『共食と文化のコミュニティ論』（編著，晃洋書房，2020 年）
『ヒューマン・スタディ 中学校編』（日本標準，2008 年）

道徳性と反道徳性の教育論

2021 年 10 月 10 日　初版第 1 刷発行　　＊定価はカバーに
　　　　　　　　　　　　　　　　　　　　表示してあります

著　者　鑓　水　　浩 ©

発行者　萩　原　淳　平

印刷者　田　中　雅　博

発行所　株式会社　晃　洋　書　房

〒615-0026　京都市右京区西院北矢掛町 7 番地
電話　075 (312) 0788番代
振替口座　01040-6-32280

装丁　野田和浩　　　　印刷・製本　創栄図書印刷㈱

ISBN978-4-7710-3532-4